불평없이
살아보기

불평없이 살아보기

지은이	윌 보웬
옮긴이	김민아
펴낸이	안희곤
펴낸곳	세종서적(주)

기획편집	류영훈 · 장웅진 · 박주희 · 이승희
디자인	박정민 · 박은진
마케팅	김하수 · 송진근 · 강희성 · 이화숙
경영지원	이정태 · 유지연

출판등록	1992년 3월 4일 제4-172호
주소	우편번호 100-012 서울시 중구 충무로 2가 61-4
전화	영업 (02)778-4179, 편집 (02)775-7011
팩스	(02)776-4013
e-mail	sejongbooks@sejongbooks.co.kr

초판 1쇄 발행 2009년 4월 15일
6쇄 발행 2009년 7월 25일

ISBN 978-89-8407-300-5 03840

• 잘못 만들어진 책은 바꾸어 드립니다.
• 값은 뒤표지에 있습니다.

삶의 기적을 이루는 21일간의 도전

불평없이 살아보기

윌 보웬 지음 | 김민아 옮김

A Complaint

F r e e

W o r l d

세종서적

차 례

자신을 바꿀 수 있는 사람이 세상을 바꾼다

당신 마음에 들지 않는 것이 있다면 그것을 바꾸어라
그것을 바꿀 수 없다면 당신 마음을 바꾸어라
불평하지 마라
마야 안젤루(Maya Angelou, 시인이자 배우, 사회운동가,
클린턴 대통령 취임식 때 흑인이자 여성 최초로 시 낭송을 함)

우리 인생을 단숨에 바꿀 어떤 비결은 없는 걸까? 놀라지 마라. 그런 비결이 있다. 나는 수많은 사람들에게 그 비결이 통하는 것을 보았다. 그들은 자신의 인생을 단숨에 바꾸는 데 성공한 이야기를 이메일, 편지 또는 전화를 통해 내게 들려주었다. 비결은 간단하다. 이 책과 함께 드리는 보라색 고무밴드를 손목에 끼고 21일 동안 불평을 꾹 참아보는 방법이다. 불평하거나 비판하거나 다른 이들을 헐뜯지 않으면서 생활할 수 있을 때까지 밴드를 양쪽 손목에 옮겨 끼우는 아주 간단한 방법이다.

이것을 통해 사람들은 새로운 삶의 방식을 알게 되었다. 말하는 방식, 생각하는 방식을 바꿈으로써 자신의 삶을 자신

쟁이를 넣는 것만으로도 시작할 수 있다.
예쁜 컵 하나를 놓아두어도 된다. 스스로
점검할 수 있는 방법이면 된다. 무엇보다
! 당신이 불평하거나 험담하고 있다는 것
물건을 다른 쪽으로 옮겨라. 물건이 무엇
신 스스로 그것을 옮겨놓는다는 행위 자체
은 당신의 의식에 깊이 각인된 것을 옮기
자기 행동을 의식하게 만드는 행위이다.
하고 있는 것을 느낄 때마다 반드시 그 물

나는 아주 중요한 말을 했다. '당신이 불
느낀다면(if)'이 아니라 '느낄 때마다
한 부분이다. 가정된 상황을 두고 이러니
아니라, 실제로 벌어지는 상황을 두고
은 우리가 사는 세상에 생각보다 훨씬 만
당신이 생각보다 훨씬 더 많이 불평하고
다 해도 그리 놀랄 일이 아니다.
당신은 우리가 무엇에 대해 불평하는지,
으로부터 얻는 것이 무엇인지, 불평이
괴적으로 작용하는지, 어떻게 하면 우리
평하는 것을 멈추게 할 수 있는지에 대해

저는 네브래스카주에 있는 오마하 노스웨스트 고등학교 2학년에 재학 중인 학생입니다. 어제 저희 학교에서 총기 사고가 발생했습니다. 저와 제 친구 몇 명은 목사님께서 진행하고 계신 21일간 '불평 없는 세상' 프로그램에 동참하고자 합니다. 저희에게 보라색 고무밴드 5개를 보내주실 수 있나요?

익명의 학생

이 뜻하는 대로 이끌 수 있게 되었다. 불평을 참아내는 시도를 해본 뒤 사람들은 내게 만성 스트레스가 사라졌고, 사람들과의 관계가 몰라보게 좋아졌으며, 직장생활이 확 피었고, 전보다 행복한 사람이 되었다고 이야기해 주었다.

만성 두통에 시달리던 한 남자의 사례가 있다. 그는 매일 밤 아내에게 자기가 하루 종일 얼마나 골치 아픈 일에 시달렸는지 불평을 늘어놓곤 했다. 그러던 어느 날, 그 남자는 그런 불평을 늘어놓는다고 해서 골치가 안 아프거나 덜 아픈 것도 아니라는 걸 깨달았다. 그래서 그런 이야기는 그만 두고 불평에서 자유로워지기로 결심했다.

남자의 이름은 톰 알레이아다. 그는 이제 더 이상 두통에 시달리지 않는다. 그는 현재 우리가 진행하고 있는 〈불평 없는 세상A Complaint Free World〉 캠페인의 자원봉사자로 참여하여 다른 이들을 위한 컨설턴트로 활동하고 있다.

듣기만 해도 멋진 일이다. 고통이 줄어들고, 건강도 좋아지며, 인간관계가 개선되고, 일까지 잘 풀려서, 결국 삶 그 자체가 행복하고 즐거워진다니 말이다. 이것은 충분히 가능한 일이며 실제로 일어나고 있는 일이다. 당신이 가진 PC의 하드디스크를 생각해보자. 온갖 잡동사니와 쓸모없는 프로그램들과 묵은 데이터로 얽혀서 작동이 굼떠지고 툭하면 멈추기 일쑤인 하드디스크다. 하루쯤 시간을 들여 깔끔하게 다시 포맷하고 싶은 않은가?

자신의 하드디스크를 의식적으로 다시 포맷하기란 사실 쉬운 일이 아니다. 우리 삶이 하드디스크처럼 그리 단순하고 기계적인 것일 수도 없다. 하지만 우리는 시도해볼 수 있고, 우리가 오래도록 미뤄온 삶의 모습을 단기간에 실현해볼 수 있다.

지금 당장 우리 웹사이트(www.AComplaintFreeWorld.org)에 들어와서 보라색 고무밴드를 받아보시기를 권한다. 밴드는 무료다(본 도서와 함께 제공). 이 프로그램은 전적으로 기부금으로 운영되고 있고, 당신도 기부할 수 있다. 밴드 사용법은 다음과 같다.

1. 한쪽 손목
   참아보기
2. 자신이 부
   있다는 것
   손목으로
3. 같은 밴드
   그에게
   릴 때는
   다른 이
4. 밴드를
   려면 수
   월에서

너무 힘
이래 봐야
것뿐이니
고 처음부
평을 하는
각 속에서
지금 당
도 없다.

동전이나 작은 돌
책상 한쪽 구석에
의식을 할 수 있
지금 당장 시작하
을 깨닫는 순간 그
이 되었든 간에 당
가 중요하다. 그것
면서 당신 스스로
그러니 자신이 불
건을 옮겨야 한다.

바로 앞 문장에
평하고 있는 것을
(whenever)'라고 말
저러니 말하는 것
하는 말이다. 불평
연해 있다. 그러니
있다는 것을 깨닫
이 책을 읽으면서
왜 불평하는지, 불
우리 삶에 얼마나
주변의 사람들이

알게 될 것이다. 또한 이토록 유해한 표현 형태를 우리 삶에서 뿌리 뽑는 단계에 대해서도 알 수 있을 것이다. 그리고 계속 노력을 하다보면 스스로 더 이상 불평하지 않음은 물론이고 주변 사람들도 함께 변모한다는 것을 깨닫게 될 것이다.

얼마 전에 나는 한 친구와 라켓볼을 친 적이 있다. 중간에 잠시 숨을 가다듬느라 게임을 멈췄을 때 친구가 내게 물었다.

"이제까지 보라색 고무밴드를 몇 개나 보냈어?"

"아마 12만 5천 개 정도?"

이렇게 대답한 후 나는 덧붙여 말했다.

"지금까지는."

친구는 잠시 내 대답을 곰곰이 생각하는 듯하더니 물을 한 모금 마시고 다시 말했다.

"12만 5천 개라……. 그러면 미국의 웬만한 소도시 인구보다 많은 숫자인데."

"그렇지."

나는 그가 말하려는 의도를 이해하려고 애쓰면서 답했다.

"일을 시작한 지는 얼마나 됐지?"

친구가 다시 물었다.

"7개월 정도야."

"7개월 만에 12만 5천 개의 밴드를 보냈다……."

그는 내 대답을 되풀이하더니 못 믿겠다는 듯 머리를 절레절레 흔들었다.

그날의 마지막 게임을 끝내기 위해 고글을 다시 쓰면서 친구가 물었다.

"사람들이 보통 얼마나 자주 불평할까?"

"잘 모르겠는데. 내가 처음에 연속 21일 동안 하루도 불평하지 않고 지내기로 마음먹었을 때 난 보라색 고무밴드를 하루에 스무 번이나 옮겼거든."

친구는 일어서서 게임을 계속하려는 듯 포즈를 취했다. 그는 라켓을 몇 번 허공에 휘둘러보더니 말했다.

"잘 계산해봐."

"무슨 계산?"

나는 게임 점수를 잘못 계산이라도 했나 싶어 물었다.

"지금까지 12만 5천 개의 밴드를 보냈고, 사람들이 보통 하루에 스무 번 정도 옮겨 낀다고 가정하면, 거기에 한 달 30일을 곱하고 또 7개월 기간을 곱하면, 엄청난 숫자가 나오잖아! 이 일을 시작하고 얼마나 많은 불평을 줄였을지 생각해보라구."

나는 잠시 서서 생각해보다가 코트의 선 안으로 다시 들어갔다. 친구 역시 코트로 들어와 서브라인에서 필사의 일격을 가했다. 나는 친구 말에 완전히 정신이 팔려 그만 공을 헛치

전화기 저편에서 잠시 침묵이 흘렀다.

"마르시아?"

나는 혹시 통화가 끊어졌는지 확인하기 위해 마르시아의 이름을 불렀다.

"네, 저 여기 아직 있어요. 전 그냥 사람들이 그걸 해낼 수 있을까 하고… 아니, 사실은 제가 그걸 잘 해낼 수 있을까 생각하고 있었어요."

그녀는 기운 없이 대답했다. 나는 다시 말했다.

"그건 나도 그래요. 하지만 어디 한번 해봅시다."

"좋아요."

그녀는 울적한 목소리로 대답했다.

"기념품 가게에 전화해서 그런 고무밴드를 구할 수 있는지 알아볼게요. 그런데 특별히 생각하고 계시는 색깔이 있으세요?"

나는 잠시 생각하다 물었다.

"없어요. 마르시아 생각은요?"

그녀가 말했다.

"보라색 어떨까요? 보라색이 고급스럽지 않아요? 그리고 보라색은 변화를 상징하는 색이래요. 게다가 하늘색, 오렌지색, 분홍색 밴드는 흔히 볼 수 있잖아요. 그렇지만 보라색 고무밴드는 별로 못 본 것 같아요."

"그거 좋은 생각이네요!"

나는 대답했다.

이렇게 해서 마르시아는 '정신(Spirit)'이라는 글자가 새겨진 보라색 고무밴드를 파는 회사를 찾아냈고, 우리는 우선 이 단어를 새긴 고무밴드 500개를 주문하기로 했다. 사실, 당시에 나는 수량이 좀 많지 않나 생각했다. 마르시아가 그 밴드를 골라왔을 때 나는 물었다.

"왜 '정신'이죠?"

마르시아는 대답했다.

"제 생각에는 학교 같은 곳의 '단합 정신'을 위해 만든 것 같아요. 그 회사는 밴드를 갖가지 색깔로 만들어 판대요. 가령 어떤 학교의 상징색이 오렌지색이면 오렌지색 밴드를, 빨강색이면 빨강색 밴드를 만들어 판다지요, 아마."

"아, 그래서군요. 그러면 밴드에다 '불평 없는 세상'이라는 단어를 새길 수도 있겠네요?"

그녀가 대답했다.

"할 수는 있을 거예요. 하지만 겨우 500개를 만드는 데 추가 요구사항이 있으면 가격이 턱없이 비싸질 걸요? 게다가 사람들은 대부분 자질구레한 기념품 따위는 집에 가자마자 서랍에 던져놓고 만다고요."

하지만 나는 더 궁금한 점이 있었다.

"어쨌건 사람들에게 '정신'이라는 단어를 어떻게 설명할 수 있을까요?"

"모두에게 그 단어는 '변화의 정신'을 뜻한다고 말해주면 되죠."

마르시아는 내 질문에 그렇게 답했다.

다음 일요일에 우리는 250개 가량의 밴드를 신자들에게 나눠주었다. 하지만 예배가 끝난 후 여러 사람들이 자신의 사무실 동료들, 제자들, 친구들, 같은 팀원 및 각종 모임에 밴드를 나눠주고 싶다고 해서 우리가 가진 500개 밴드는 완전히 동나고 말았다. 그날 나는 밴드를 끼는 의미와 사용법을 설명하면서, 그에 덧붙여 세상에 '불평'이라는 공해가 사라졌을 때 우리들의 삶이 어떻게 변할지 상상해보라고 말했다. 나는 모인 사람들에게서 흥분과 두려움이 뒤섞인 묘한 감정을 느낄 수 있었다. 또 나는 그들에게 나 역시 이 프로그램에 도전하고 있으며, 얼마가 걸릴지는 모르지만 어떻게든 연속 21일 동안 불평하지 않고 지내보려 한다고 선언했다. 나는 분명히 못 박았다.

"연속해서 21일입니다! 불평하지 않고 비판하거나 험담하지도 않고."

나는 이어서 말했다.

"여러분도 동참하세요. 석 달이 걸리건 3년이 걸리건 말입니다. 여러분 인생이 크게 달라질 겁니다! 밴드를 너무 옮겨 끼워서 밴드가 닳을 정도가 된다면 하나 더 드리겠습니다. 어떻게든 밴드를 계속 끼우고 있도록 하십시오."

불평한다는 것은 당신이 원하는 것보다 원하지 않는 것에 대해 더 많이 말하고 표현하는 일이다. 불평을 늘어놓을 때마다 우리는 우리가 원하는 바대로 되어가지 않는 것에 초점을 맞추어 말하고 있는 것이다. 우리의 생각이 우리의 삶을 만들고, 우리가 하는 말이 우리의 생각을 만든다. 거듭 말하지만, 당신이 이 책에서 달리 아무것도 얻어내는 게 없다 하더라도 이 말만은 꼭 기억하셨으면 한다. '우리의 생각이 우리의 삶을 만들고, 우리가 하는 말이 우리의 생각을 만든다.' 바꾸어 말해보자.

"당신의 입 밖으로 나오는 것이 당신이 하고자 하는 것이다!"

우리의 삶을 만들어나가는 것은 언제나 바로 우리 자신이다. 우리는 스스로 말의 고삐를 쥐고 자신이 원하는 곳으로 인생이라는 말을 끌고 간다. 나의 삶은 내가 각본을 써서 감독하고 제작하며, 바로 내가 출연하는 영화다. 우리 모두는 스스로가 만들어가는 존재다. '자수성가한 백만장자'라는 주제에 관해 이야기하면서, 20세기 동기부여의 대가인 얼 나이팅게일(Earl Nightingale, 라디오 방송인이자 오디오북 저자. 『Earl Nightingale's Greatest Discovery』 등의 책이 유명)은 이렇게 말했다.

"우리 모두는 자신이 만든 존재입니다. 하지만 성공한 이들만이 그것을 인정하지요."

당신은 매순간 자신의 생각들로 자기 인생을 만들어가고 있다. 우리가 사는 세상도 마찬가지다. 우리의 마음상태가 우리의 삶과 사회, 정치적 환경, 보건, 경제적 상황을 만들어가고 있는 것이며, 우리가 살아가고 있는 세계의 상태야말로 우리가 가진 생각과 그 생각들이 만들어낸 행동을 그림으로 펼쳐 보여주고 있는 것이다.

이러한 생각은 결코 새로운 것이 아니다. 오늘날에야 우리는 이러한 생각에 대해 관심을 기울이고 있지만, 이미 수천에 달하는 인류의 위대한 스승들과 철학자들이 수천 년 동안 우리에게 전해준 가르침이다.

믿은 대로 될지어다
예수, 「마태복음」 8:13

우리의 인생은 우리의 생각이 만드는 것이다
마르쿠스 아우렐리우스(로마 황제, 금욕주의 철학자)

우리의 생각이 우리를 만든다
즉, 우리가 생각하는 것이 우리가 된다
붓다

당신의 생각을 바꾸어라
그러면 당신의 세계가 바뀐다
노먼 빈센트 필(Norman Vincent Peale, 동기부여 연사, 「가이드포스트」 창간자)

오늘의 당신은 당신의 생각이 데리고 온 곳에 있으며,
내일의 당신은 당신의 생각이 데리고 갈 곳에 있게 된다
제임스 앨런(James Allen, 20세기 초 영국 작가. 명상적 저서들로 유명)

　우리가 하는 말이 우리의 생각을 만들고 우리의 생각은 우리의 삶을 만든다. 사람들은 긍정과 부정 사이에 있는 거대한 스펙트럼의 어느 한 지점에 위치해 있게 마련이다. 그러나 나는 지금까지 자신이 부정적인 사람이라고 생각하는 사람을 본 적이 없다. 자신의 생각이 긍정적인 쪽보다는 부정적인 방향으로 표출되고 있음에도 그것을 깨닫고 있는 사람은 한 사람도 없었다.

　우리는 상대의 말이 부정적인 것을 금방 알아차리지만, 막상 그 말을 하는 사람은 자신이 불평하고 있다는 것조차 깨닫지 못한다. 그들은 끊임없이 불평한다. 사실 나 역시 그런 사람의 하나였다. 하지만 끊임없이 불평을 하면서도 나는 나

자신을 긍정적이고 명랑하며 낙천적이고 쾌활한 사람이라고 생각해왔다.

우리의 삶을 처음부터 다시 포맷하기 위해서는 우리의 마음을 먼저 다스릴 줄 알아야 한다. '불평 없는 세상'을 위한 보라색 고무밴드는 나 자신이 긍정적 표현과 부정적 표현의 스펙트럼 상에서 정확히 어디에 위치해 있는가를 깨닫게 해준다. 그리고 밴드를 이쪽 손목에서 저쪽으로 옮겨 끼는 과정을 되풀이할 때마다 나 스스로 내뱉는 말을 진정으로 의식하게 된다. 그렇게 함으로써 나는 내 생각에 주의를 기울이게 된다. 이렇게 자신의 생각에 주의를 기울이게 될 때 나의 삶은 나 자신이 원래 선택한 방향으로 변화할 수 있고, 궁극적으로 다시 창조될 수 있다. 보라색 고무밴드를 끼는 일은 곧 우리의 부정적 생각에 덫을 놓는 일과도 같다.

2006년 7월의 어느 일요일, 앞서 말한 대로 나는 신자들에게 첫 번째 보라색 고무밴드를 나눠주면서 다음과 같은 이야기를 했다.

"제가 어릴 때는 호숫가에서 물 위로 돌을 던지곤 했죠. 가능한 한 멀리 말이에요. 돌을 던질 때마다 저는 돌멩이가 일으킨 잔물결이 사방으로 퍼져나가 호숫가 저편에 닿을 때까지 지켜보곤 했어요. 우리는 함께 잔물결을 일으킬 수 있습니다. 바로 지금 여기, 이 작은 공동체에서 우리는 세계를 감동시키고 변화를 시작할 수 있습니다."

그러자 희미하게 자신 없이 느껴지던 사람들의 에너지가 흥분으로 변화하기 시작하는 것을 느낄 수 있었다.

"이 보라색 고무밴드를 원하는 사람이면 누구에게든 무료로 나눠주기로 합시다. 그리고 다함께 우리 캔자스시티를 미국에서 최초로 '불평 없는 도시'로 만들어봅시다."

그리고 나서 나는 이런 농담을 덧붙였다.

"로열스(캔자스시티 연고의 메이저리그 야구팀)가 올해 게임을 끌어가는 걸 보니 우리의 갈 길이 아직 먼 것 같지만요."

그러자 침묵이 흘렀다. 나는 지금 막 나 스스로 불평을 했다는 사실을 깨닫고는 오른쪽 손목에 있던 밴드를 최초로 왼쪽으로 옮겨 끼웠다.

보라색 고무밴드에 대한 소문이 지역민들 사이에 퍼져나가기 시작했다. 우리는 밴드를 500개 더 주문했다. 주문한 밴드가 채 도착하기도 전에 받을 사람이 정해졌다. 우리는 밴드를 1천 개 더 주문할까 생각했지만 밴드가 남을까봐 걱정스러웠다. 결국 1천 개를 주문했는데, 주문 수량이 도착하기도 전에 또 예약이 다 차버렸다. 나중에는 예약이 아예 홍수처럼 밀려들었다.

나는 뭔가 심상치 않은 상황이 벌어지고 있음을 감지하고,

캔자스시티에서 발행되는 유명 석간지인 「캔자스시티 스타」에 전화를 걸어 우리가 하고 있는 활동을 알렸다. 신문사에서는 사회부 기자인 헬렌 그레이를 연결시켜 주었고, 우리는 우리 캠페인에 대해 이메일을 보냈다. 하지만 답변은 쉬이 오지 않았다.

보라색 고무밴드를 나눠주면서 우리는 변화란 것이 얼마나 어려운지도 알게 되었다. 나 역시 첫날에는 손이 닳도록 밴드를 이리저리 바꿔 끼워야 했다. 밴드를 옮겨 차면서 내가 얼마나 불평을 많이 늘어놓고 있는지 깨달았으며, 하루에도 수십 번씩 이 짓을 그만두고 싶었다. 하지만 교회 사람들 모두가 나를 지켜보고 있었다. 첫 주가 지난 후 점검해보니 내가 달성한 최소 기록은 하루에 다섯 번밖에 옮겨 차지 않은 것이었다. 하지만 바로 다음 날 나는 다시 열두 번이나 밴드를 옮겨 찼고 계속 그 빈도를 줄이지 못했다. 나는 나 자신이 불평하는 사람이라고는 한번도 생각해본 적이 없었다. 하지만 그런 사람임을 이제 깨닫게 된 것이다. 나는 불평하거나 험담하지 않으려 안간힘을 쓰면서, 동시에 나 자신에 대해 낙담하게 되었고 헬렌 그레이의 답변을 받지 못한 것이 차라리 다행스럽게 느껴졌다. 비록 아이디어는 좋았을지언정 실험이 성공적으로 진행되고 있다는 생각은 들지 않았다. 기자를 만나서 "예, 제가 바로 이 캠페인을 시작한 바로 그 목사입니다"라고 말할 엄두가 전혀 나지 않았다. 나는 이렇게 대답하게 될지도 몰랐다. "저요? 글쎄요. 2주 동안 열심히 노력했는데 6시간 이상을 버틸 수가 없더군요."

어쨌든 나는 밴드를 계속 차고 다녔다. 마침내 거의 한 달이 지난 후에야 나는 3일 동안 밴드를 바꿔 끼우지 않고 지내는 데 성공했다. 주일마다 우리 신도들은 내가 어느쪽 손목에 밴드를 끼우고 있나 살펴보는 눈치였다. 개중에는 아예 밴드를 벗어버린 이들도 있었다. 하지만 많은 이들이 여전히 밴드를 끼우고 있었다. 엄청나게 고무적인 일이 아닐 수 없었다. 마침내 나는 '9월 31일까지 연속 21일 불평하지 않고 지내기'라는 목표를 노트에 적어놓기로 했다. 그리고 이 목표를 아침에 3번, 밤에 3번 읽고 마음에 새겼다. 서서히 나의 도전은 성공하는 듯 보였다.

나는 어떤 부류의 사람들과 같이 지낼 때는 잘 해나가다가 또 다른 부류의 사람들과 같이 있을 때는 잘 되지 않는다는 것을 알게 되었다. 애석하게도 내가 평소 아주 친한 친구로 지내는 이들과 만날 때마다 더 불평을 많이 하게 된다는 것도 알게 되었다. 그래서 되도록 나는 이들을 피하기로 했다. 처음에는 죄책감이 들었지만 내 밴드가 제자리에 있는 게 중요했다. 더 중요한 것은 나 자신이 조금씩 더 행복해지기 시작했다는 점이다.

한 달여가 지난 후 「캔자스시티 스타」의 헬렌 그레이가 내게 이메일을 보내왔다. 그동안 휴가여서 답장을 못했다면서 우리의 아이디어가 아주 흥미로워 이에 대한 기사를 쓰고 싶다고 했다. 그녀가 기사를 작성하는 동안 나는 마침내 21일의 목표를 달성할 수 있었다. 첫 번째 기사가 나갈 무렵 나는 목표를 달성한 첫 주인공이 되었다.

나는 교회 이사회와 의논하여 보라색 고무밴드를 원하는 누구에게나 무료로 나눠주기로 의견일치를 보았다. "우리는 세상의 의식을 한 차원 높이는 데 기여할 것입니다." 다른 신문들도 「캔자스시티 스타」의 기사를 보고 소식을 퍼 나르기 시작했다. 기사가 어디까지 퍼져 나갔는지는 잘 모르지만 어쨌든 그 기사가 나간 후 몇 주 지나지 않아 보라색 고무밴드 주문은 거의 9천 건에 이르렀다. 우리는 밴드를 만든 회사의 재고를 하나도 남김없이 다 사버렸고 추가 제작을 의뢰했다. 또 자원봉사자들을 모집하여 자료입력팀, 작업팀, 조달팀, 배송팀 등을 구성했다. 자원봉사자들은 사람들이 바로 밴드를 받을 수 있도록 웹사이트에 자동주문 시스템을 만드는 데 박차를 가했다.

이제 아이디어는 캔자스시티의 우리 교회보다 더 커져 있었다. 가톨릭 교구에서도 2천 곳의 성당과 학교에 보낼 밴드를 요청해왔다. 호주, 벨기에, 남아프리카 같은 곳에서도 보라색 고무밴드를 주문해왔다. 캠페인은 정말 세계적 차원으로 확산되어 갔다. 우리의 '호숫가 잔물결' 같은 아이디어가 지구 전체를 돌아 성과를 거두기 시작했음을 깨달았다.

한편 수많은 신문들이 우리 이야기를 기사화했고 방송국에서도 취재를 나왔다. 기사화된 것만도 100건이 넘었고, 〈투데이쇼〉와 〈오프라 윈프리 쇼〉에도 소개되었다. 〈오프라 윈프리 쇼〉의 조연출자와 인터뷰하게 되었을 때 그는 내게 이 캠페인의 목표가 무엇이냐고 물었다. 나는 "우리가 사는 세상의 의식을 변화시키는 것"이라고 대답했다. 그녀는 나를 쳐다보더니 동정어린 미소로 말했다.

"그것참 사뭇 거창한 꿈이네요. 그렇게 생각하지 않으세요?"

나는 미소에 화답하며 말했다.

"한번 계산해 보세요."

내가 이 책을 쓰는 동안 우리는 80여 개국에 600만 개의 보라색 고무밴드를 보내주었다. 우리는 매일 1천 개의 밴드를 요청받는다. 사람들은 21일간 계속해서 불평하지 않고 지내는 데 평균 4~8개월이 걸려 성공한다고 한다. 여기에 고무밴드를 받은 사람의 숫자를 곱해보라. 과연 세계가 새로운 의식에 눈뜨고 있지 않은가?

이처럼 간단한 아이디어의 결과로 얼마나 많은 불평이 줄

21일간 불평하지 않고 지내기에 도전한 다른 많은 사람들과 마찬가지로, 나는 내가 일상 속에서 얼마나 불평

을 많이 하고 지내는가를 이내 깨닫게 되었다. 처음에는 직장 동료에 대해 불평하다가, 어디가 아프다느니 쑤

신다느니 하소연을 했다. 나는 정치판이나 국제문제에 대해서도 불평했고, 날씨가 넘치거나 줄어서 우울해

지기 일쑤였다. 그러다 어느 순간 나는 내가 하는 말에 귀를 기울이게 되었다. 나는 스스로를 아주 긍정적인

사람이라고 생각해왔건만, 내가 부정적인 에너지를 가진 말들을 얼마나 많이 하는지 깨닫고 매우 놀랐다.

Chapter 1

의식하지 못하고
불평하는 단계

A Complaint
Free
World

1

나는 불평한다. 고로 존재한다

인간은 불평하고 싶은 내면의 깊은 욕구를
채우기 위해 언어를 창조했다
릴리 톰린(Lily Tomlin, 미국의 코미디언, 배우)

불평하다(동사)
1. 슬픔, 고통, 불만을 표현하다. [예] 날씨에 대해 불평하다
2. 정식으로 호소 또는 고소하다
『메리엄-웹스터 사전(The Merriam-Webster Dictionary)』

어떤 일을 할 수 있게 되기까지는 보통 네 가지 단계가 있다. 불평하지 않는 사람이 되기까지 당신도 그 각 단계를 거치게 될 것이다. 미안하게도 그중 어느 단계도 간단히 건너뛸 수 없다. 한 단계를 건너뛰면 태도가 변화했다 하더라도 변화된 태도를 지속시킬 수 없을 것이다. 어떤 단계는 다른 단계보다 더 오래 걸릴 수도 있다. 사람에 따라 각 단계별로 겪는 경험의 내용도 다르다. 한 단계를 금방 마쳤다 하더라도 그 다음 단계에서 의외로 오래 걸릴 수도 있다. 하지만 당신이 계속 노력한다면 당신은 결국 불평하지 않고 사는 법을 완전히 터득하게 될 것이다. 불평하지 않고 사는 능력을 갖추기 위해 겪게 되는 네 단계는 다음과 같다.

21일간 불평하지 않고 지내기에 도전한 다른 많은 사람들과 마찬가지로, 나는 내가 일상 속에서 얼마나 불평을 많이 하고 지내는가를 이내 깨닫게 되었다. 처음에는 직장 동료에 대해 불평하다가, 어디가 아프다느니 쑤신다느니 하소연을 했다. 나는 정치문제나 국제문제에 대해서도 불평했고, 날씨가 덥다거나 춥다며 투덜거리기 일쑤였다. 그러다 어느 순간 나는 내가 하는 말에 귀를 기울이게 되었다. 나는 스스로를 아주 긍정적인 사람이라고 생각해왔건만, 내가 부정적인 에너지를 가진 말들을 얼마나 많이 하는지 깨닫고 매우 놀랐다.

미주리주, 캔자스시티에서
마티 포인터

1. 의식하지 못하고 불평하는 단계
2. 의식하면서 불평하는 단계
3. 의식하면서 불평하지 않는 단계
4. 의식하지 않아도 불평하지 않는 단계

「이튼 칼리지의 장래에 관하여(On a Distant Prospect of Eton College)」라는 제목의 송시(頌詩)에서 토머스 그레이(Thomas Gray)는 "무지는 축복이다"라는 경구를 우리에게 던진 적이 있다. 그는 이 책을 통해 당신이 불평하지 않는 사람이 될 때,

당신은 무지에서 시작해 변화의 동요를 겪게 되고, 마침내 깨달음이라는 진정한 축복을 받을 수 있을 것이라고 했다. 당신은 지금 의식하지 못하고 불평하는 단계에 있다고 할 수 있다. 당신은 당신 자신이 무능력하다는 것을, 즉 불평하지 않고 살 수 있는 능력을 아직 갖추지 못했다는 것을 의식하지 못하고 있다. 당신은 지금 얼마나 많이 불평하고 있는가를 의식하지 못하는 단계에 있는 것이다.

불평하지 않는 삶에 이르는 과정에서 의식하지 못하고 불평하는 단계는 의식하지 않고도 불평하지 않는 단계만큼이나 중요하다. 우리 모두는 바로 이 지점에서 시작하기 때문이다. 의식하지 못하고 불평하는 단계에서 당신은 순수한 잠재력을 지니고 있으며, 동시에 자신을 위해 위대한 일을 해낼 준비가 되어 있다. 이제 당신이 성취해나갈 새롭고 근사한 도전이 눈앞에 놓여 있다. 이제 당신은 남은 단계를 차근차근 밟아나가기만 하면 된다.

많은 이들이 "아야!" 하고 소리치면서 자신이 상처 입은 곳을 찾아내려고 한다. 당신이 "아야!" 하고 소리칠 때 상처는 그 모습을 드러낸다. 마찬가지로 당신이 불평하면 당신은 더 많은 불평거리를 찾아내게 된다. 이것이 이른바 '끌어당김의 법칙(Law of Attraction)'이다. 당신이 이 세 단계를 끝마칠 무렵에 당신은 더 이상 상처를 찾아다니는 사람이 아닐 것이며, 당신의 인생은 아름다운 봄날의 꽃처럼 활짝 필 것이다.

내가 종종 받는 질문 중의 하나가 "그럼 전 앞으로 절대 불평할 수 없는 건가요?"이다. 그러한 질문을 받으면 나는 이렇게 대답한다. "물론 당신은 불평을 할 수도 있습니다."

내가 그렇게 말하는 것은 다음 두 가지 이유에서다.

1. 나는 당신이나 다른 어느 누군가에게 이래라저래라 지시하려는 것이 아니다. 만약 내가 그렇게 한다면 그건 내가 당신을 변화시키기 위해 노력한다는 뜻이며, 그것은 곧 내가 내 마음에 들지 않는 당신의 어떤 부분에 초점을 맞춘다는 것을 뜻한다. 이는 곧 당신에 대한 나의 불만을 표현하는 것이나 다름없고 결과적으로 이는 불평하는 것이 된다. 당신은 당신이 원하는 것은 무엇이든 할 수 있다. 그것은 당신의 선택이다

2. 가끔은 불평하는 것이 온당할 때도 있다

이제 당신이 위의 2번의 이유에서 빠져나갈 구멍을 발견했다고 느끼기 전에 이 말을 다시 되새겨보라. 그리고 나를 포함한 많은 사람들이 3주간 연속으로 불평하지 않고 지내는 데 성공했다는 것도 기억하길 바란다. 그것은 21일, 즉 504시간 동안 연속으로 불평하지 않고 지냈다는 뜻이다. 전

혀 불평하지 않고 말이다. 아무 불평 없이, 전혀 불평하지 않고, 완전 불평 제로인 상태로 말이다. 불평에 관한 한 '가끔'이라는 단어는 '아주 자주는 아닌'을 뜻한다. 불평은 아주 가끔 해야 한다. 비판이나 험담은 전혀 하지 말아야 한다. 우리가 스스로에게 솔직해진다면, 사실 우리 인생에서 슬픔이나 고통, 불만의 표현인 불평을 정당화할 만한 사건들은 극히 드물 것이다. 우리가 하는 불평의 대부분은 그저 우리의 행복과 안녕에 방해되는 소음공해일 뿐이다.

당신 자신을 되돌아보라. 불평할 때 과연 그렇게 해야 할 심각한 원인이 있었는가? 당신이 너무 자주 불평하고 있는 것은 아닌가? 한 달 이상 불평하지 않고 지낸 적이 있는가?

만약 당신이 한 달에 한 번 이상 불평하고 있다면 당신은 당신 자신에게 아무 도움이 안 되는 습관적인 불평에 당신 자신을 내맡기고 있는 것일지도 모른다. 다시 말해 당신은 "아야!" 하고 소리 지르기 위해 아플 부위를 미리 찾아내는 어린아이와도 같은 행동을 하고 있는 것이다.

당신이 자신의 생각을 지배하면서 설계한 대로 인생을 이끌어가는 사람이 되기 위해서는 슬픔이나 고통, 불만의 표현에 관련해 매우 높은 역치를 설정해두어야 한다. 당신이 무언가에 대해 불평하고 싶은 마음이 들 때, 우선 당신이 처한 그 상황이 몇 년 전에 내가 겪었던 다음과 같은 사건에 버금

가는 일인지 자문해보기 바란다.

그날 나는 책상 앞에 앉아 강의를 준비하고 있었다. 당시 우리 가족이 살고 있던 집은 도로가 꺾이는 모퉁이에 위치해 있었다. 운전자들이 모퉁이를 돌면서 속도를 줄이는 지점이었다. 또한 우리 집에서 200미터 남짓 떨어진 곳에서는 시내 간선도로가 국도로 연결되면서 제한속도도 시속 40킬로미터에서 90킬로미터로 바뀌었다. 즉, 우리 집은 운전자들이 속도를 높이거나 줄이는 변속구간에 위치해 있었다. 그나마 우리 집이 길모퉁이에 있었기 때문에 운전자들이 모퉁이를 돌면서 속도를 줄이니 망정이지, 그렇지 않았다면 정말 위험한 곳에 있는 셈이었다.

따스한 봄날 오후, 열린 창문으로 불어오는 산들바람에 레이스 커튼은 하늘하늘 나부끼고 있었다. 그런데 갑자기 어디선가 심상치 않은 소리가 들려왔다. '쿵' 하고 뭔가가 부딪치는 소리였다. 그리고는 이내 '깩' 하는 비명소리 같은 것이 들려왔다. 그건 사람이 내는 소리라기보다는 동물이 내는 소리 같았다. 모든 동물도 사람처럼 저마다의 독특한 목소리를 갖고 있는데 나는 그 소리를 듣자마자 소리를 낸 주인공이 누구인지 금방 알아차릴 수 있었다. 그 소리는 우리 집 개 진저가 낸 소리였다. 보통 우리는 개가 비명을 지르리라고는 생각지 않는다. 개는 짖거나 낑낑댄다고만 생각한다. 사실 보통 진저는 그랬다. 순한 골든 레트리버인 진저가 비명을 지르는 일은 거의 없었다. 하지만 그 순간 진저가 낸 소리는 분명 비명이었다. 진저는 집에서 불과 5미터도 안 되는 거리에서 차에 치어 도로에 나뒹굴면서 그처럼 고통스러운 소리를 낸 것이다. 나는 소리를 지르며 현관문을 박차며 뛰쳐나갔고 아내와 함께 딸 리아도 나를 뒤쫓아 나왔다. 리아는 당시 여섯 살이었다.

진저에게 가까이 다가가 보니 얼마나 심하게 다쳤는지 금세 알 수 있었다. 진저는 앞발을 딛고 일어서보려 했지만 녀석의 뒷다리가 받쳐주지를 못했다. 녀석은 고통스러운 표정으로 슬프게 우짖었다. 이웃들도 무슨 일이 일어났나 보려고 밖으로 나왔다. 리아는 연신 "진저… 진저…" 하고 진저의 이름만 부를 뿐이었다. 눈물이 리아의 뺨을 타고 흘러내려 리아가 입고 있던 셔츠까지 적셨다.

나는 진저를 친 운전자를 찾으려고 주위를 둘러보았다. 하지만 아무도 보이지 않았다. 그러다 간선도로와 국도가 만나는 지점인 언덕 쪽을 바라보니 달리는 트럭 한 대가 보였다. 그 트럭은 트레일러를 끌고 언덕을 올라 시속 90킬로미터 구간으로 들어서고 있었다. 진저는 고통으로 신음하고 있고, 아내는 너무 놀라 우두커니 서 있었으며, 내 딸은 가엾게도 눈물만 흘리고 있는데, 나는 온통 진저를 친 인간과 맞설 생각뿐이었다. 이런 생각을 하면서. '어떻게 인간이 이런 짓을 하고 차를 몰고 달아나 버릴 수 있지? 분명 저 인간은 진저를 보았을 테고, 자신이 무슨 일을 저질렀는지도 잘 알고 있을 텐데!'

나는 고통과 혼란에 싸여 있는 내 가족을 그 자리에 두고 차에 올라타 차도 밖 자갈길을 따라 먼지와 자갈을 날리며 차를 몰기 시작했다. 시속 90킬로미터, 120킬로미터, 130킬로미터……. 그렇게 계속 속도를 올리며, 진저를 치고는 뒤도 안 돌아보고 달아나버린 그 인간을 추격했다. 그런데 갑자기 마음이 차분해지면서 내가 만약 그런 식으로 운전을 하다 죽게 된다면 아내와 리아에게 진저의 부상으로 인한 고통보다 더 극심한 고통을 안겨주게 될 것이라는 생각이 드는 것이 아닌가! 나는 속도를 줄이면서 차를 다시 규정 속도로 몰기 시작했다. 그래도 결국 그 남자의 트럭을 따라잡을 수 있긴 했다.

차를 꺾어 차도로 들어선 그 남자는 내가 쫓아오고 있는 것도 모르는 듯 트럭을 세우더니 찢어진 셔츠와 기름투성이인 청바지 차림으로 트럭에서 걸어나왔다. 나는 그 뒤에 바짝 붙어 차를 세우고는 차에서 뛰어내리며 소리쳤다. "당신이 우리 집 개를 치고 도망간 사람이지!"

그 남자는 내가 무슨 말을 하는지 못 알아듣겠다는 표정으로 나를 쳐다보았다. 그 남자의 표정을 본 순간 나는 피가 거꾸로 솟는 것 같았다. 내가 제대로 들은 것인지는 모르겠지만, 그는 이렇게 말했다. "나도 내가 개를 치었다는 걸 알고 있소. 그래서 어쩌자는 거요?"

나는 다시 현실감을 되찾고 이렇게 소리쳤다. "뭐라고? 당신 방금 뭐라고 했소?"

그는 마치 아이를 타이르기라도 하듯 피식 웃으면서 아주 천천히 그리고 또박또박 이렇게 말했다. "나도 내가 개를 치었다는 걸 알고 있다고. 그래서 어쩌자는 건데?"

나는 분노로 눈이 뒤집힐 지경이었다. "덤벼!" 나는 소리쳤다.

"뭐라고?" 사내가 말했다.

"덤비라니까!" 나는 다시 소리쳤다. "할 말 있으면 해봐. 죽여버릴 테니까!"

몇 분 전만 해도 나는 그 남자를 찾는 데 혈안이 되어 미친 듯이 차를 몰다가 죽을 뻔했지만 내 이성이 그것을 막아주었다. 하지만 우리 가족이 그토록 사랑하는 진저에게 고통스러운 상처를 입히고도 아무렇지 않은 듯 거만하고 뻔뻔스럽게 말하는 그를 보자, 이성이고 뭐고 순식간에 사라져버렸다. 나는 어른이 되고 나서 싸움이라는 걸 해본 적이 없었다. 나는 싸움 따위는 의미 없는 짓이라고 생각하고 있었고 사실 어떻게 싸워야 하는지조차 몰랐다. 하지만 그 순간 나는 그 남자를 죽도록 패주고 싶었다. 그 순간만큼은 감옥에 가게 된다 해도 상관없다고 생각했다.

"나는 당신이랑 싸우고 싶지 않소." 그 남자가 말했다. "당신이 나를 친다면 그건 폭행죄에 해당하는 거요, 선생."

나는 다이아몬드처럼 단단해진 주먹을 치켜들었다. "한판 붙어보자고!" 내가 말했다.

"아니. 됐소." 그는 얼마 남지 않은 이를 드러내며 싱긋 웃었다. "그런 짓은 안 할 거요." 그는 등을 돌려 천천히 걸음을 옮겼다. 나는 부들부들 떨면서 그 자리에 서 있었다. 온몸에 분노로 오염된 피가 흐르는 듯했다.

나는 내가 어떻게 다시 차를 몰아 우리 가족이 있는 자리로 돌아왔는지 기억도 잘 나지 않는다. 나는 진저를 안고 동물병원으로 달려갔다. 나는 마지막으로 진저를 안았을 때 녀석에게서 풍기던 냄새와 수의사가 녀석의 고통을 끝낼 주사를 놓았을 때 녀석이 부드럽게 끙끙거리던 소리를 아직까지도 기억하고 있다. "어떻게 사람이 이런 짓을 할 수가 있지?" 나는 혼자서 몇 번이고 이런 물음을 던졌다.

그로부터 며칠 후, 잠자리에 들려고 할 때마다 그 남자의 비웃음이 떠올라 나를 괴롭혔다. 그가 아무렇지 않게 "그래서 어쩌자는 건데?"라고 한 말이 귓가에 계속 울렸다. 만약 내가 그와 싸움을 했다면 어떻게 되었을까 여러 번 상상했다. 적어도 내 상상 속에서 나는 모든 악당을 물리치는 슈퍼맨이었다. 이따금 나는 그때 내가 야구방망이나 나무토막 같이 무기로 사용할 수 있는 도구가 있었다면 그를 치지 않았을까, 또는 그가 내게 또는 내 아내에게, 내 딸에게, 그리고 진저에게 상처를 준 만큼 나도 그에게 상처를 입히지 않았을까 하는 상상을 하곤 했다.

잠을 이루려고 아무리 노력해도 잠을 이루지 못한 지 사흘째 되던 날 밤, 나는 침대를 박차고 일어나 일기를 쓰기 시작했다. 내 슬픔, 고통, 불만을 거의 한 시간이 넘도록 일기장에 쏟아냈다. 그러다가 나는 놀라운 말을 적었다.

"고통을 주는 사람은 고통받고 있는 사람인 것이다."

다른 사람이 불러준 말을 받아 적은 것처럼 나는 불현듯 놀라 스스로에게 이렇게 되물었다. "뭐라고?" 나는 다시 썼다. "고통을 주는 사람은 고통받고 있는 사람인 것이다."

나는 의자를 뒤로 젖히고는 밤을 노래하는 청개구리와 귀뚜라미 소리를 들으면서 곰곰이 생각해보았다. "'고통을 주는 사람은 고통받고 있는 사람인 것이다.' 어떻게 그 남자에게 이 말을 적용할 수 있지?"

나는 그 말에 대해 좀 더 생각해보았다. 그러자 비로소 그 말이 무슨 뜻인지 이해되기 시작했다. 한 가족이 소중하게 생각하는 동물을 그처럼 쉽게 상처 입힐 수 있었던 사람은 반려동물을 사랑한다는 것이 어떤 것인지 모르는 사람임에 분명했다. 어린아이가 눈물로 뒤범벅이 되어 슬퍼하고 있는데도 차를 몰고 가버릴 수 있는 사람은 어린아이도 할 수 있는 사랑을 할 줄 모르는 사람임에 분명했다. 한 가족의 가슴에 못을 박아놓고도 사과할 줄 모르는 사람은 자기 자신의 가슴에도 여러 번, 그것도 아주 여러 번 못을 박았을 사람임에 분명했다. 어쩌면 이 이야기의 진짜 희생자는 그 남자가 아닐까 하는 생각에 이르렀다. 그는 악당처럼 행동했지만, 그의 내면에 자리 잡고 있는 깊은 고통이 그를 그렇게 만든 것이다.

나는 오래도록 자리에 앉아 이 모든 것들을 되새겼다. 그에 대해, 그가 내게 안겨준 고통에 대해 다시 분노가 치밀기 시작할 때마다, 나는 그 남자가 매일 안고 살았을 그 고통에 대해 생각해보았다. 그러고 나서 오래지 않아 나는 불을 끄고 잠자리에 들었다. 그날 밤은 아주 푹 잘 수 있었다.

불평 : 슬픔, 고통, 불만을 드러내는 것

이러한 경험을 하면서 나는 '슬픔'을 느꼈다. 진저는 그 일이 있기 5년 전에 우리 집으로 왔다. 당시 우리는 사우스캐롤라이나주의 한 시골 마을에 살고 있었는데 진저가 어느 날 갑자기 나타나 우리 집에 있고 싶어했다. 우리는 그때 이미 집

슨이라는 이름의 다른 개를 키우고 있었는데 다른 개들이 우리 집에 찾아오면 모두 쫓아내곤 하던 깁슨이 웬일인지 진저만큼은 쫓아내지 않았다. 우리는 진저의 행동거지를 보고 진저가 우리 집으로 오기 전에 심한 학대를 받았다는 것을 짐작할 수 있었다. 게다가 진저가 특히 나를 피하는 것으로 보아 진저를 학대한 사람은 남자였을 것이라고 짐작했다. 하지만 키운 지 1년쯤 되자 진저는 나를 신뢰하기 시작했다. 그리고 죽기 전까지 진저는 우리 가족의 진정한 친구였다. 나는 진저의 죽음으로 너무나 고통스러웠다.

나는 분명 '고통'을, 그것도 내 영혼 저 밑바닥부터 욱신거리며 가슴을 시리게 하는 고통을 느꼈다. 우리처럼 자녀를 가진 부모라면 아이들로 하여금 고통을 겪게 하느니 차라리 우리가 그런 고통을 겪겠다는 부모 심정을 잘 알 것이다. 내 딸 리아가 겪은 고통을 생각하면 내 고통이 배가되었다.

게다가 나는 '불만'을 느꼈다. 나는 그 남자를 실컷 패주지 못한 것에 대해 후회가 되는 만큼 처음부터 난폭하게 대응할 생각을 했다는 것을 후회했다. 나는 그 남자를 그냥 두고 발걸음을 돌렸다는 사실뿐만 아니라 그를 추격한 것에 대해서도 부끄러움을 느꼈다.

그 남자가 진저를 치었을 때, 내가 슬픔과 고통을 느끼고 표현한 것은 나로서는 당연한 일이었다. 당신 역시 인생의 어느 한 순간에 내가 경험했던 것과 유사한 경험을 한 적이 있을 것이다. 다행스럽게도 그처럼 우리에게 상처를 입히는 사건은 그리 자주 일어나지는 않는다. 마찬가지로 불평할 일이나 슬픔, 고통, 불만을 표현할 일도 그리 자주 있는 것은 아니다.

하지만 우리 대부분이 하는 불평은 그처럼 깊은 고통을 안겨주는 경험 때문에 나오는 것이 아니다. 이글스(Eagles)의 멤버인 조 월시(Joe Walsh)가 부른 〈즐거운 인생(Life's Been Good)〉이라는 노래의 가사처럼 우리는 '불평할 것 별로 없지만 여전히 불평하고 있는' 사람들이다. 사실 알고 보면 그 일은 슬픔, 고통, 불만을 표현해도 될 만큼 나쁘게 돌아가는 것만도 아니다. 하지만 불평은 어느새 우리의 기본 생각이 되어버렸다. 이게 바로 우리의 현실이다.

'모르는 게 약'이라는 말이 있다. 당신이 불평하지 않고 사는 사람이 되기 위한 여정을 시작하기 전에는 당신이 얼마나 많이 불평하는지, 불평이 스스로의 인생에 얼마나 부정적 영향을 미치고 있는지 모르고 있던 것이 오히려 약이 되었을지도 모른다. 우리들 대부분은 날씨에 대해, 배우자에 대해, 직장에 대해, 각자의 신체조건에 대해, 친구들에 대해, 일에 대해, 경제에 대해, 다른 운전자들에 대해, 국가에 대해, 우리가 생각하고 있는 모든 것들에 대해 하루에도 몇 십 번씩 투덜댄다. 하지만 우리들 중 스스로가 얼마나 자주 불평하고 있는가를 깨닫고 있는 사람은 거의 없다.

우리 입에서 말이 튀어나오면 우리의 귀는 그 말을 듣는다. 하지만 무슨 이유에서인지 그 말들은 불평으로 각인되지 않는다. 불평은 나쁜 입 냄새에 비유될 수 있다. 우리는 다른 사람 입에서 나는 냄새는 금방 알아차릴 수 있지만 정작 우리 자신의 입 냄새는 잘 알아차리지 못한다.

아마 당신은 당신이 생각하는 것보다 훨씬 더 자주, 그리고 더 많이 불평하고 있을지도 모른다. 일단 21일간 불평하지 않고 지내려 한다면, 당신은 이내 당신이 얼마나 자주 불평하고 사는 사람인가를 깨닫게 될 것이다. 보라색 고무밴드를 한쪽 팔목에서 다른 쪽 팔목으로 옮기기 시작하면서 당신은 스스로가 얼마나 많이 불평하고 사는가를 알게 될 것이다.

이제까지 당신은 자신 스스로 불평꾼은 아니라고, 적어도 자주 불평하는 사람은 아니라고 생각하고 있었을 것이다. 당신은 분명 뭔가 성가시거나 괴로운 일이 있을 때만 불평한다고 생각하고 있었을지도 모른다. 다음에 당신이 자신의 불평을 합리화하고 싶은 유혹을 느낄 때 내가 앞서 들려준 진저 이야기를 떠올려보길 바란다. 그리고 과연 당신 자신이 그처럼 끔찍한 일을 겪고 있는 것인지 자문해보고, 아니라는 생각이 든다면 불평하지 않겠다고 스스로에게 한 맹세를 지키길 바란다.

'21일간 불평 않고 지내보기'라는 도전에 성공한 사람들은 내게 이렇게 말했다. "쉽지 않았어요. 하지만 그만큼 도전할 만한 가치가 있었죠." 가치 있는 것은 어떤 것도 쉬운 게 없다. 단순한 논리라고? 그렇다. 하지만 성공적인 사람이 되는 과정에서 쉬운 것이란 없다. 나는 당신을 겁주려고 이런 말을 하는 것이 아니다. 당신이 더욱 도전해보고 싶게끔 하려고 하는 말이다.

불평하지 않고 지내는 것은 어렵다. 그러나 이를 어렵다고만 생각한다면 당신은 평생 아무것도 시작할 수 없을 것이다. 처음에 당신이 성공하지 못한다면 당신은 평균으로 가고 있는 것이다. 당신이 불평하고 있다면 당신은 마땅히 있어야 할 지점에 있는 것이다. 이제 그것을 깨달았으니 앞으로 당신 인생에서 불평을 지워나갈 수 있을 것이다.

당신은 이 일을 해낼 수 있다. 매일 수십 번씩 불평하고 살았던 나조차 이를 해냈다. 이러한 도전에서 중요한 것은 포기하지 않는 것이다. 우리 교회에는 우리가 처음에 나눠주었던 보라색 고무밴드를 아직도 끼우고 있는 부인이 한 분 있다. 그 부인의 보라색 고무밴드는 이제 다 닳아서 너덜너덜해진 데다 색까지 바랬지만 그 부인은 최근에 내게 이렇게 말했다. "내가 이 보라색 고무밴드를 차고 땅에 묻히게 된다 해도 나는 포기하지 않을 거예요."

그 부인의 경우는 이 일이 어느 정도까지 각오를 필요로 하는 일인가를 보여준다. 그래도 한 가지 위로가 되는 사실은 당신이 21일 동안 한 번도 불평하지 않고 지낼 수 있게 되기 전에 이미 당신은 자신의 내면의 중심이 이전과는 다른 곳으로 움직여 스스로가 행복해지고 있다는 것을 발견하게 될 거라는 사실이다. 다음은 내가 오늘 받은 이메일 중 하나다.

안녕하세요?

저는 다른 수천 명의 사람들과 마찬가지로 제 삶의 초점을 옮기기 시작했습니다. 보라색 고무밴드가 도착하기를 기다리는 동안 저는 우선 다른 고무밴드 하나를 착용하기 시작했어요. 저는 일주일간 불평하지 않고 지내보기에 도전했고 지금은 확실히 전보다 덜 불평하며 지내고 있습니다. 이 과정에서 제가 깨닫게 된 가장 놀라운 사실은 제가 한층 더 행복하다고 느끼게 되었다는 것입니다! 저희 가족을 포함한 제 주변의 사람들이 더 행복해진 것은 말할 것도 없고요! 저는 오래전부터 불평하는 습관을 바꿔보고 싶었지요. 그리고 이 보라색 고무밴드는 저로 하여금 행동을 바꾸게 만드는 자극제가 되었습니다.

이 보라색 고무밴드는 제 주변 사람들의 대화에 오르내리게 되었고 엄청난 파급효과를 불러와, 많은 사람들이 자신들이 얼마나 자주 불평하는가에 대해 생각하고 자신의 태도를 바꾸기로 결심하는 계기가 되었습니다. 점점 더 많은 사람들이 이 프로그램에 대한 소식을 듣게 되면서 이 프로그램은 훨씬 더 멀리까지 영향을 미치게 될 것입니다. 이 프로그램은 실제로 보라색 고무밴드를 받아 끼우고 그러한 변화에 도전하는 사람들뿐만 아니라 다른 많은 사람들에게도 영향을 미치게 될 것입니다. 생각만 해도 정말 멋진 일이지요!

메릴랜드주, 로크빌에서
진 라일리

많은 이들의 존경을 받는 라디오 시사해설자 폴 하비(Paul Harvey)는 이런 말을 했다. "나는 언젠가는 세상 사람들이 성공이라 부르는 것을 성취하기를 희망한다. 누군가가 내게 어떻게 그것을 이뤄낼 수 있었느냐고 묻는다면 나는 그들에게 이렇게 대답할 것이다. 나는 몇 번이고 넘어졌지만 그보다 몇 배나 더 일어났다고." 성취할 만한 가치가 있는 것들을 성취하기 위해서는 실패를 무릅쓰고 성공에 이르는 길로 나아가야 한다. 당신은 이 과정을 시작하면서 대부분의 사람들과 마찬가지로 아마도 진저리가 날 때까지 밴드를 이쪽 팔목에서 저쪽 팔목으로, 저쪽 팔목에서 이쪽 팔목으로 바꿔 차는 일을 계속해야 할지도 모른다. 나도 21일 동안 연속으로 단는 사람들이 있다. 내 친구 할의 경우가 바로 그랬다. 할은 비록 죽음에 이르는 병을 앓고 있었지만 나는 할 때문에 에너지가 고갈된다고 느낀 적은 단 한 번도 없었다. 오히려 나는 친구의 낙천성과 유쾌함 덕분에 에너지를 얻곤 했다.

사람들이 모여 있는 집단이면 거의 불평하지 않는 사람부터 끊임없이 불평하는 사람까지 다양한 사람들이 있기 마련이다. 그런데 한 집단에서 어떤 사람이 그 집단의 규범에서 너무 벗어나면 곧 그 사람은 더 이상 환영받지 못하게 되고 스스로도 그것을 깨닫게 된다.

다시 불평을 마약에 비유해보자. 우리는 종종 자신 가까이 있는 사람이 술을 지나치게 많이 마시거나 담배를 피우거나 마약 또는 도박하는 것을 볼 수도 있다. 누군가가 집단의 규범을 따르지 않으면 집단 내 다른 개인들은 위협받고 있다고 느끼게 된다. 이러한 현상에 대한 내 개인적인 생각은 그처럼 자기 파괴적 행동을 하는 사람들은 자신들이 건강하지 못한 선택을 하고 있다는 것을 알고 있으며, 그렇게 하지 않는 사람들에 비해 그것을 훨씬 확대해서 느낀다는 것이다. 우리는 자신보다 더 불평하는 사람들과 함께 있을 때 불편함을 느낀다. 각자가 내는 파장의 정도는 다 다르지만 부정적인 에너지를 가진 사람들은 사람들에게 거부반응을 불러일으킨다.

당신은 자신이 불평하는 이들에게 둘러싸여 있다고 생각하는가? 늘 투덜대는 이들에게 둘러싸여 있다고 생각하는가? 그렇다면 정신 번쩍 드는 한 가지 사실을 말해주겠다. 우리는 우리와 비슷한 사람들과 어울리는 경향이 있으며 우리랑 다른 사람들은 멀리하는 경향이 있다.

불평 없는 세상 프로그램을 시작한 후 가장 주목할 만한 현상 가운데 하나가 자기 자신이 아니라 주변 사람들을 위해 밴드를 주문하는 사람들이 매우 많다는 것이었다. 그들은 이렇게 말한다. "지금 당장 보라색 고무밴드를 보내주세요. 제 주위의 사람들은 모두 늘 불평을 달고 사는 불평꾼들이거든요." 이러한 요청은 상당히 자주 들어온다. 이러한 요청이 들어오면 우리는 웃으면서 아무 말 않고 고무밴드를 보내준다. 우리가 웃는 이유는 그런 요청을 하는 사람들 자신이 십중팔구 불평을 많이 하는 사람이며, 자기 자신이 그런 사람이라는 것을 깨닫지 못하고 있을 가능성이 크기 때문이다. 이런 사람들은 보라색 고무밴드를 끼게 되면 다른 사람들에 대한 이해와 공감에 있어서 장족의 발전을 이루게 된다. 자기 자신이 얼마나 불평을 많이 하는 사람인가를 깨닫게 되기 때문이다.

리처드 바크(Richard Bach)는 자신의 소설 『환상』에서 아주 간결하지만 심오한 진실을 말했다. "사람은 끼리끼리 모이기 마련"이라고 말이다.

에게 쥐어주고는 바닥에 떨어뜨리라고 요구한다. 좀 황당한 요구임에도, 사람들은 내가 요구한 대로 가방을 떨어뜨린다.

"자 이제 다시 주우세요"라고 말하면 그들은 다시 떨어진 가방을 줍는다.

"자 다시 떨어뜨리세요."

"주우세요."

"떨어뜨리세요."

"주우세요."

이 과정을 지칠 때까지 몇 번이고 반복하게 한다. 그들이 지쳐갈 때쯤, 나는 "아직도 저글링을 배우고 싶으신가요?"라고 묻는다. 그들이 "예, 배우고 싶어요"라고 대답한다면, 나는 저글링을 능숙하게 할 수 있을 때까지 수없이 반복하게 될, 공을 떨어뜨리고 줍는 과정에 익숙해지라고 말한다. 공을 떨어뜨리는 것이 지겨워 스스로에게 짜증이 나는 한이 있더라도 공을 주워야 한다. 그것도 아주 열심히 공을 주워야 한다.

새로운 저글링 기술을 배울 때마다, 어김없이 떨어뜨리고 줍는 과정이 반복된다. 맨 처음 내가 저글링을 배울 때 곤봉을 공중에서 회전시키는 것을 배우면서, 곤봉의 나무 손잡이 부분이 쇄골을 강하게 때려 큰 멍 자국이 생긴 적이 있었다. 그때 나는 너무 화가 나 다시는 저글링을 배우지 않겠다고 다

짐하며, 곤봉을 벽장 안으로 던져넣어 버렸다. 하지만 1년쯤 후 다시 마음을 다잡고 곤봉을 꺼내 저글링을 시도했다. 지금은 곤봉뿐만 아니라 칼, 심지어는 활활 타고 있는 횃불로도 저글링을 할 수 있게 되었다. 떨어진 공, 곤봉, 칼, 횃불 등을 계속해서 기꺼이 주울 수 있는 사람이라면 누구나 저글링을 배울 수 있다. 마찬가지로, 불평하지 않는 사람이 되려면 밴드를 계속해서 옮기며, 그저 새로 시작하고 또 시작하기만 하면 된다.

당신은 아마도 어느 때 자신이 불평하고 있는지, 또는 사실을 말하고 있는 것인지 구별할 수 없을지도 모른다. 로빈 코발스키 박사에 따르면, "특정 문구가 불평을 반영하고 있는지 아닌지는 말하는 사람이 내적으로 불만을 느끼고 있는가 아닌가에 따라 달려 있다"고 했다.* 불평의 말과 불평이 아닌 말에 들어 있는 단어는 같을 수 있지만, 그 단어 이면에 당신이 의미하는 것과 단어에 내포되어 있는 당신의 에너지가 그 차이를 결정한다. 의식하면서 불평하는 단계는 당신이 무슨 말을 하고 있는지를 알아차리는 단계이며, 보다 중요한 것은 이 단계가 당신이 말하는 것의 이면에 숨어 있는 에너지까지도 알아차리는 단계라는 것이다.

---

*로빈 코발스키(1996), "Complaints and complaining: Functions, antecedents, and consequences." 「사회심리학지」 119, 181쪽.

21일간의 도전을 시작한 후, 처음부터 다시 시작하고 또 시작하며 수없이 시도를 거듭하며 약 2개월이 좀 지났을 무렵, 나는 마침내 20일 동안 연속으로 불평하지 않고 지내기에 성공할 수 있었다. 하루만 더 견디면 21일간의 도전에 성공하게 되는 셈이었다. 결승점을 코앞에 둔 그날 저녁, 나는 가족들과 저녁식사를 하면서 그날 오전에 있었던 일들을 이야기 하던 중, 내가 무슨 말을 하고 있는지 알아차리고는 당황해서 이렇게 말했다. "이런, 내가 방금 한 말이 불평이었나?"

아내는 웃으며 말했다. "여보, 당신이 그렇게 반문해야 한다면 그건 아마도 불평이었을 거예요."

나는 밴드를 다시 옮겼고, 다시 원점으로 되돌아왔다. 당신이 스스로에게 반문해야 한다면, 그건 아마도 불평일 것이다. 그렇다면 다시 시작하라. 그리고 이 모든 것이 경험을 통해 서둘러 결승점으로 달려가는 과정이 아닌, 당신의 인생을 변화시키는 과정임을 기억하라. 이것은 경주가 아니라 과정이다.

당신이 어떤 사람이나 특정 상황이 변하기를 원하면서 말한다면 그것은 불평에 해당된다. 당신이 어떤 사물에 대해 그 사물의 원래 그대로의 모습이 아닌 다른 모습을 원한다면, 그것은 사실을 말하는 것이 아니라 불평하는 것이다.

이 글을 쓰는 지금, 나는 캘리포니아주의 새너제이 기차역에 앉아 있다. 기차는 오전 9시에 출발할 예정이었으나 지금은 오전 10시 30분이다. 방금 기차가 지연되어 원래 출발 예정 시각보다 3시간 늦은 오후 1시 30분에 출발한다는 안내 방송을 들었다. 방금 내가 쓴 글을 어떻게 읽느냐에 따라서 당신은 내가 불평을 하고 있다고 생각할지도 모르지만, 나는 이 상황에 반응하는 내 기분이 어떤 것인지를 잘 알고 있다. 나는 역 플랫폼에 앉아, 내가 열정을 갖고 추진하고 있는 일을 당신과 함께 공유하면서 봄날의 아침과 한 잔의 시나몬 차를 즐기고 있다. 지금 이 순간 나는 매우 행복하며 감사하다고 느낀다. 기차가 늦게 출발하는 것이 나에게는 더없는 축복이 되었다. 이 멋진 분위기에서 나는 내가 좋아하는 일들을 하고 있다.

그러나 내가 기차가 도착할 때까지 기다리고 싶지 않은 마음이라면 어떻게 될까? 아마도 티켓 판매원에게 가서 큰 소리로 따지며 불평을 하거나, 기차 출발을 재촉하기 위해 여기저기 많은 사람들에게 불평을 하고 있을지도 모른다. 하지만 이런 행동들이 제대로 먹혀들까? 물론 그럴 리가 없다. 하지만 우리는 이러한 행동들을 종종 목격하곤 한다. 기차는 때가 되면 여기에 올 것이고 그 시간이 바로 기차가 출발하는 시간이 될 것이다.

최근 나는 한 라디오 방송에서 인터뷰를 한 적이 있었는

데, 그때 아나운서가 내게 이렇게 말했다. "하지만 저는 먹고 살기 위해 불평을 합니다. 또한 불평에 대한 보수도 괜찮은 편이고요." 나는 그에게 이렇게 말했다. "네, 좋습니다. 그렇다면 당신이 행복한 정도를 1에서 10까지의 점수로 매긴다면, 당신은 몇 점 정도로 행복하다고 말할 수 있을까요?" 잠시 침묵이 흐른 뒤, 그는 이렇게 말했다. "마이너스 점수는 없나요?" 불평하는 것은 경제적인 면을 포함해서 여러 면에서 우리에게 이익을 가져다줄 수는 있지만, 행복은 결코 불평으로 얻을 수 있는 것이 아니다.

앞에서 나는 사람들이 심리적, 사회적 이익을 얻어내기 위해 불평을 한다고 말한 바 있다. 심리학자들과 사회학자들은 자신을 더 명확하게 보여주기 위해서 사람들이 불평을 한다고 주장한다. 예를 들어, 어떤 식당의 음식이 아주 훌륭하고 맛있다 하더라도, 그 음식이 자신의 입맛에 맞지 않다고 불평할 수 있다. 이런 불평을 함으로써 그 사람은 주변의 모든 사람들에게 자신의 입맛이 아주 세련되고 고급이라는 사실을 암시하는 것이다. 또한 그런 불평을 하는 사람은 자신이 훌륭한 음식을 판별할 수 있는 사람이며 자신의 세련된 입맛은 많은 고급 식당에서 음식을 많이 먹어본 결과로 얻게 된 것임을 은연중에 말하고 있는 것이다.

미국의 유명 코미디 프로그램인 〈캐디색(Caddy Sack)〉에서 주인공 로드니 데인저필드(Rodney Dangerfield)는 미국의 상류층만이 드나들 수 있는 식당에서 식사를 한 다음 이렇게 말한다. "이봐, 이건 완전히 개밥이라고 주방장에게 전해. 내 입맛이 얼마나 고급인데. 이 음식은 전혀 내 입맛에 맞지 않아." 다시 말하자면, 불평하는 것은 곧 잘난 척 하는 것이다. 스스로에게 자문해보라. 자기 자신에게 자신 있는 사람들이 허풍을 떠는 것을 본 적이 있는가? 대답은 물론 '그렇지 않다'일 것이다. 자존감이 높은 사람들, 자신의 능력을 발휘하고 자신의 약점을 겸허히 인정할 줄 아는 사람들은 자기 자신과 매우 편안한 관계를 유지하고 있기 때문에 굳이 다른 사람들 앞에서 자신을 내세울 필요가 없다. 그런 사람들은 스스로에게 매우 만족하고 있기 때문에 굳이 다른 사람들에게 자신이 얼마나 잘난 사람인지 내세울 필요가 없는 것이다. 타데우스 골라스(Thaddeus Golas)는 자신의 책 『게으른 사람이 깨닫는 법(*The Lazy Man's Guide to Enlightment*)』에서 다음과 같이 말했다. "자신을 사랑하는 것은 자아를 쌓아올리는 것과는 다르다. 자기중심주의란 자신을 지독하게 증오한 다음에 자신이 얼마나 가치 있는 존재인가를 증명하려는 태도를 말한다. 자신을 진정으로 사랑하게 되면 당신의 자아도 사라질 것이다. 당신의 자아가 사라지면 더 이상 자신이 우월하다는 것을 증명할 필요도 못 느끼게 될 것이다."

자신감이 없거나 자신의 가치를 확신하지 못하고 있거나 자신의 소중함에 대해 늘 의구심을 갖고 있는 사람들이 잘난 척 하거나 불평을 하게 되는 법이다. 이런 사람들은 자신들이 성취한 것들에 대해 자랑하는 것을 좋아하며, 그 말을 듣는 사람들이 자신이 성취한 것들을 인정하는 반응을 보이기를 원한다. 그들은 또한 타인의 동정심을 끌어내기 위한 방법으로 자신들이 직면한 도전에 대해 불평을 늘어놓으며, 또한 자신들이 원하는 것을 이루어내지 못한 데 대한 변명의 방법으로 불평을 한다.

분명한 사실은 그런 사람들은 스스로를 자신이 원하는 것을 가질 만한 가치가 있는 존재로 느끼지 않고 있기 때문에 불평을 한다는 것이다. 그런 사람들은 자존감이 부족하기 때문에 자신들이 원하는 것을 불평이라는 방법으로 밀어내고 있는 것이다.

당신이 원하는 모든 것에 대해, 당신은 그것을 가질 만한 자격이 있다. 변명은 그만두고, 당신의 꿈을 향해 전진하라. "남자들은 모두 헌신 공포증 환자들이야", "우리 가족은 모두 너무 뚱뚱해", "나는 엉망진창이야", "어릴 때 우리 아빠가 나를 학대했어"라고 말하는 것은 당신 자신을 희생자로 만드는 것이다. 희생자는 결코 승리자가 될 수 없으며, 당신은 당신이 되고자 하는 것을 선택할 수 있다.

불평을 하는 것은 코미디 프로그램인 〈코터가 돌아온 것을 환영합니다(Welcome Back Kotter)〉에 나오는, 엡스타인이 위조한 어머니의 쪽지와도 같은 것이다. 학교에서 일어나는 일을 주로 다룬 이 프로그램에서 후안 엡스타인이라는 학생은 학교에서 자신이 하기 싫은 활동을 하지 않기 위해 종종 어머니의 쪽지를 선생님께 갖다주곤 한다. 예를 들어, 쪽지에는 "엡스타인은 오늘 시험을 칠 수가 없답니다. 어젯밤에 암 치료법을 찾아보느라 밤을 꼬박 샜거든요"라고 적혀 있고 그 밑에는 '엡스타인의 엄마'라는 사인도 들어 있다. 물론 그 쪽지는 시험을 치지 않고, 자신이 해야 할 일을 하지 않기 위해 엡스타인 자신이 위조한 쪽지였다. 이와 마찬가지로 우리는 위험을 감수하지 않기 위해, 해야 할 일을 하지 않기 위해 불평을 한다. 그 경우 불평을 하는 것이 정당한 것처럼 보이지만 실제로 이런 불평은 얄팍한 변명에 지나지 않는다. 위에서 말한 코미디 프로그램에 나오는 쪽지처럼, 실제로 그러한 불평은 우리 인생의 드라마에서 '자기 자신'이라는 등장인물이 쓴 쪽지와도 같은 것이다.

나는 여러분들이 굉장히 힘들고, 때로는 두렵기까지 한 일들을 겪었다는 것을 잘 알고 있다. 아마도 많은 사람들이 그러한 경험을 했을 것이다. 당신은 당신에게 일어난 일들이 어쩔 수 없는 정당한 일이라고 말할 수 있으며, 이를 당신의 인생을 제약하는 변명거리로 삼을 수도 있다.

이를 새총에 빗대어 생각해보자. 새총을 이용해서 돌을 가장 멀리 날아가게 하기 위해서는 어떻게 해야 할까? 돌이 얼마나 멀리 날아가느냐는 새총의 고무줄을 얼마나 뒤로 많이 잡아당기느냐에 달려 있다. 성공한 사람들의 삶을 들여다보면, 그들이 성공할 수 있었던 것은 그들의 험난한 인생 때문이 아니라 바로 그들 자신의 태도와 노력 덕분이라는 것을 알수 있다. 성공한 사람들은 그들에게 일어난 일들을 기꺼이 받아들이며 그것을 자신들의 발전의 밑거름으로 이용했다. 또한 자신에게 일어난 나쁜 일들을 다른 사람들에게 말하는 대신, 그 역경 속에 숨어 있는 축복을 찾으려 했고, 결국에는 그러한 경험 속에서 행복과 축복을 찾아낼 수 있었던 것이다. 그들은 새총을 힘껏 뒤로 당겨 스스로를 남들보다 훨씬 더 멀리 날아가게 만들었던 것이다.

새총에서 멀리 날아가기 위해, 돌은 반드시 새총에서 떨어져야만 한다. 그 돌을 놓아주어야만 한다. 당신의 인생에 있어 힘들고 어려웠던 경험에 대해서도 마찬가지다. 그 경험들을 놓아주어라.

내 첫 번째 아내인 리제는 내가 불안정한 사람이기 때문에 나를 떠난다고 말했다. 그녀의 말대로 당시 나는 매우 불안정한 심리증세를 보였으며, 그 때문에 그녀를 기진맥진하게 만들었다. 나는 끊임없이 그녀의 인정과 확인을 기대했다. 이제야 나는 내가 왜 그랬는지 알게 되었다. 나는 소리 지르고 불평하고 타인을 비판함으로써, 나 자신의 불안정한 상태를 보상받으려 했던 것이었다. 나는 다른 사람들에게 내가 얼마나 훌륭한 사람인지 말하기도 했고, 상대적으로 내가 더 훌륭한 사람인 것처럼 보이려고 타인들을 비판하기도 했다. 나 자신이 병들어 있으면서 그것을 타인들에게 전가시키고 있었던 것이다. 명심하라. 타인을 아프게 하는 사람은 그 자신이 아픈 사람이라는 것을.

　나는 '불안정'이라는 단어를 사전에서 찾아보았다. 사전에는 '불안정'은 '안정'의 반대말이라고 되어 있었다. 자신 있다는 것은 어떤 것에 대해 편안해지고, 모든 것을 있는 그대로 받아들인다는 것을 의미한다. 나는 수년 동안 안정적이고 자신감 있는 사람이 되기 위해 나 자신에 대해 거의 모든 것을 바꾸려고 노력해왔다. 하지만 나는 마침내 안정적으로 된다는 것은 무엇을 변화시키려 하지 않고 있는 그대로 받아들이는 것임을 깨닫게 되었다. 이러한 경험을 통해 얻게 된 가장 큰 깨달음은 다음과 같았다. 더 이상 불안정하지 않은 사람이 되기 위해서는 스스로의 불안정함을 편하게 받아들여야 한다는 것이었다.

　나는 자기 자신에게 절망하거나 자기 자신에 대해 변명하고, 비난과 불평을 통해 타인에게 중심을 맞추기보다는 그 같은 고통스러운 불안정의 시기를 받아들여야 했다. 그리고 그 과정을 거치는 동안 스스로를 지지해야만 했다. 내가 자주 불편하거나, 슬프거나, 약하거나, 쓸모없다고 느낄 때, 나는 "괜찮아. 그냥 하던 대로 하고 느끼는 대로 느끼면 돼. 이렇게 느껴도 크게 문제될 건 없어"라고 스스로에게 되뇌었다.

그러자 기적과도 같은 일이 일어났다. 내가 나 자신의 불안정함(불편하다고 느끼는 것)에 대해 안정감(편안함)을 느끼게 되면서, 점점 불안감을 느끼는 횟수도 줄어들고 불안감을 느끼는 시간도 짧아졌다. 당신이 다른 사람들의 긍정적 변화를 유도한다는 명목으로 그들을 비난할 수 없듯이, 마찬가지로 당신 자신의 긍정적 변화를 위한다는 이유로 스스로를 비난해서는 안 된다.

때때로 자신의 내면의 목소리가 비판적으로 나올 때, 나는 일기를 꺼내 내면의 목소리를 토해내곤 한다. 분노한 내면의 목소리는 그 목소리에 이처럼 칭찬의 말을 해주곤 한다. "너, 나를 공격하다니 정말 잘했어. 나도 네가 내게 가장 좋은 것을 바라는 마음에서 그렇게 했으리라 생각해. 언제라도 네가 원하면 그런 생각들을 마음껏 표출해도 돼." 그러면 내면의 비판적인 생각은 아무런 방어도 하지 못한 채 사라져버리고 만다.

우리 모두의 마음속에는 작은 악마가 존재하고 있다. 그 악마란 바로 비난하기 좋아하는 우리 내면의 목소리다. 나는 내 마음속의 악마와 친구가 되기 위해 이 악마에게 이름이 뭐냐고 물었다. 그랬더니 그 악마가 자기 이름은 실베스터라고 말해주었다. 나는 실베스터를 생각하면, 만화 〈벅스 버니(Bugs Bunny)〉에 나오는 태즈매니아 데빌이 떠오른다. 내 마음속의 실베스터는 항상 으르렁거리며 내 머릿속을 혼란스럽게 만들며 돌아다니는 문제다. 내가 녀석의 신랄한 비평을 잠재우려고 하면, 녀석은 더 큰 소리로 깩깩댄다. 하지만 이제 나는 그 녀석의 용기를 북돋우며 이렇게 칭찬한다.

"내 안의 잘못된 점을 찾아내는 데 있어 너는 정말 최고야. 네가 나를 사랑하기 때문에 이런다는 걸 나도 잘 알고 있단다."

내가 이렇게 말하면, 내 머릿속의 실베스터가 충격을 받은 모습으로 무엇을 해야 할지 몰라 우두커니 서 있는 모습이 떠오른다. 완전히 당황한 녀석은 떨떠름한 표정으로 시선을 어디다 두어야 할지 몰라 갈팡질팡하며, 뭐라고 말해야 할지 몰라 쩔쩔매고 있다.

나는 개인적으로 리제에게 항상 감사하게 생각하고 있다. 그녀와의 이별이 기폭제가 되어 나는 이 같은 자아탐색을 시작할 필요를 느끼게 되었으며, 나의 영혼 깊숙한 곳으로 데

려다 준 카타르시스를 느낄 수 있었다. 또한 그 덕분에 나는 내가 이 과정에서 배운 것을 세상의 많은 사람들과 공유할 수 있게 되었다.

당신 스스로를 특별한 존재로 만들기 위해 불평하는 일은 없도록 하라. 당신은 이미 특별한 존재라는 사실을 깨닫기 바란다. '특별하다'란 단어의 정의를 사전에서 찾아보면, '보통과 구별되게 다르다'라고 되어 있다. 당신은 특별하다. 당신과 정확하게 일치하는 사람은 이제껏 없었으며 앞으로도 없을 것이다. 당신과 같은 눈이나, 지문, 귀 모양, 목소리를 가진 사람은 이 세상에 아무도 없다. 당신은 당신의 DNA만큼이나 유일한 존재다. 과학자들은 심지어 지구상에서 당신의 체취와 같은 체취를 가진 사람은 아무도 없을 것이라고 말한다. 특별하다는 건 바로 그와 같은 것이 아닐까? 당신은 완벽하고 완전무결한 존재의 표상으로 인간의 형상을 지닌 신이다. 당신은 유일하며, 이 세상에 당신만이 가져올 수 있는 훌륭한 그 어떤 것을 지니고 있다. 당신은 자신의 어떤 부분에 대해서 결함이라고 말할지도 모르지만 그런 결함을 지닌 그대로 당신은 완벽한 존재다. 실베스터와 내가 친구가 되면서, 나는 내가 한때 혐오했던 나의 일부분을 사랑하기 시작했다. 비난을 하는 대신, 나는 나 자신을 만들어준 이러한 나만의 독특한 개성이나 익살과 같은 특성들을 받아들이게 되었다.

스스로에게 감사하게 되기 전까지는 나는 나 자신을 바꿀 수 있다고 생각했다. 하지만 그건 완전히 어리석은 생각이었다. 내 문제점은 계속해서 한 가지에만 초점을 두고 결국엔 스스로에게서 항상 잘못된 점만을 찾아낸다는 것이었다.

내가 지금 일하고 있는 교회의 수석 목사직을 수락한 지 얼마 되지 않아, 한 여신도가 교회에 대해 못마땅하게 생각하는 부분들을 조목조목 열거한 리스트를 갖고 나를 찾아왔다. 나는 새로 부임한 교회의 신도에게 좋은 인상을 심어주어 신도들을 기쁘게 해주고 싶었기에, 그녀가 불만족스럽다고 말하는 것들에 대해 개선할 수 있는 것들은 개선하겠다고 대답했다. 그러나 그녀는 "감사합니다. 이제 교회에 대해 매우 만족합니다"라고 말하기는커녕, 또 다른 불만 리스트를 만들어 내게 들고 왔다. 당신 자신, 직업, 가족, 건강, 재정상태, 교회 등에 대해 당신이 싫어하는 부분들을 말하기 시작하면, 당신은 자신이 싫어하는 것들을 점점 더 많이 발견하게 될 것이다. 명심하라. 좋아함은 좋아함을 부른다. 당신이 자기 자신에 대해, 타인에 대해, 당신 인생의 전반적 상황에 대해 감사하면 감사할수록, 당신의 삶에 더 많은 즐거움이 찾아올 것이다.

내가 〈오프라 윈프리 쇼〉에 처음으로 출연했을 때, 오프라 윈프리가 내게 물었다. "왜 사람들은 날씨에 대해 불평할까요? 아무리 불평한다 해도 날씨를 바꿀 수는 없잖아요."

하지만 나는 절대 날씨를 바꿀 수 없다고 생각하지는 않는다. 하지만 여러분들이 나를 괴짜로 생각하기 전에 먼저 이 실직고를 하자면, 나는 몇 년 전부터 친구들에게 내가 가는 곳은 항상 좋은 날씨가 되게 해달라고 하나님과 특별 협약을 맺었다고 말하고 다니기 시작했다. 지난여름, 우리 교회에서 대규모 수련회를 계획하고 있던 중 집행부 자원봉사자 한 명이 만약 비가 오면 어떻게 할 예정인지 내게 물었다. 나는 "비는 오지 않을 거예요. 하나님이 항상 좋은 날씨를 주시기로 저랑 계약을 맺었거든요"라고 말했다. "네. 하지만 만약 비가 오면 어떻게 하지요?"라고 그녀가 웃으며 물었다. "제가 방금 한 얘기 못 들으셨어요? 비는 오지 않을 거예요. 비에 대해 계속 얘기하면, 정말로 비가 올 거예요. 이제 비 이야기는 그만하도록 하지요." 자, 당신이 그런 건 단지 우연의 일치라고 생각하면 그만이지만, 실제로 그날 비는 오지 않았고 행사는 성공적으로 치러졌다. 그리고 나는 불평하지 않았다.

우리가 실제로 날씨를 조절할 능력이 있는지에 대한 문제는 잠시 제쳐두고, 왜 우리는 불평을 하는 것일까? 그 이유는 바로 안전하기 때문이다. 불평은 안전하다. 대화에서 불평이 야기하는 에너지의 진동은 그리 높지 않다. 불평은 타인을 위협하는 것이 아니다. 왜냐하면 당신이 다른 사람들에게 더 높은 강도의 표현을 요구하는 것이 아니기 때문이다.

불평이 안전하다고 하는 또 다른 이유는 낮은 자존감과 함께 신학이 관련 있을지도 모른다. 우리는 모든 일이 너무 잘 흘러가면, 신이 우리를 괴롭힐지도 모른다는 불안감을 갖고 있다(이러한 불안감이 시작되면 신이 우리를 괴롭힐지도 모르는 데 말이다). 펄벅(Pearl Buck)의 걸작 『대지』에는 왕룽이라는 중국인 농부가 등장한다. 그의 가장 큰 소망은 아들을 갖는 것이다. 당시 중국사회에서 아들은 굉장히 귀한 존재로 여겨졌다. 반면 딸들은 결혼해서 남편에게 양도될 때까지 그저 먹이고 입히기만 하면 되는 하찮은 노예 같은 존재로 여겨졌다. 남자아이들은 부를 가져다주는 반면 여자아이들은 짐이 되는 부담스런 존재였던 것이다.

다행히도 그의 아내는 아들을 출산한다. 부부가 갓 태어난 아이를 데리고 밖으로 나갈 일이 생겼을 때 부부는 신이 아이를 보지 못하도록 아이를 포대기로 칭칭 감고는 이렇게 말한다. "이 아이는 하찮은 노예지, 아들이 아니야." 부부는 자신들이 아들을 얻는 행운을 가질 만한 자격이 없다고 생각하고 신이 아이를 뺏어갈까 두려웠던 것이다.

당신은 낮은 자존감이나 불안감 때문에, 또는 '좋은 일은 오래가지 못한다'는 생각을 갖고 자랐기 때문에, 당신이

신이나 우주로 부르는 어떤 존재가 당신과 관련된 일들이 너무 잘되면 당신을 괴롭히기 위해 기다리고 있다고 믿고 있는 것이다. 이것이 당신의 신념이라면 나는 당신의 신념을 존중한다. 하지만 적어도 내게 있어서는 '신은 사랑이다'라는 믿음과 '신은 우리를 파멸하기 위해 기다리고 있다'라는 믿음이 동시에 작용하지 않는다. 사람들은 신의 보복을 두려워하기 때문에, 일이 잘되어 나갈 때 그 일에 대해 말하면 결국 일이 꼬이게 될 거라고 걱정하는 것이다. 그러나 오히려 진실은 그 반대다. 우리가 두려움에 가득 찬 말들을 내뱉으면 그 말들은 우리가 원하지 않는 일들을 초래한다.

컴퓨터 용어 중에 GIGO(Garbage in Garbage out)라는 용어가 있다. '쓰레기를 입력하면 쓰레기가 나온다'라는 뜻인데, 이것은 컴퓨터가 중립적이고 객관적인 존재이며 입력한 대로 반응을 보인다는 것을 전제로 한 개념이다. 다시 말해 잘못된 명령어나 코드를 입력하면, 이상한 결과가 산출된다. 우리 삶의 관점에서 본다면 그 반대의 경우가 된다. 즉, "쓰레기를 내보내면 쓰레기가 들어온다(Garbage out, Garbage in)"는 것이다.

우리가 자신의 삶에 대해 불평을 하면 할수록(쓰레기를 내보내면), 더 많은 시련을 겪게 될 것이다(쓰레기가 들어온다). 다행스러운 것은 당신 자신이 말을 하는 순간에도 자신이 어떤 말을 하고 있는가를 의식하고, 불평하지 않기 위해 말을 삼가거나 좋은 말로 순화해서 표현하고 있다는 사실이다. 당신은 지금 변화를 시도하고 있다. 당신은 이제 의식하면서 불평하지 않는 단계로 넘어가게 될 것이다.

Chapter 3

의식하면서
불평하지 않는 단계

A Complaint
F r e e
W o r l d

5
불평에 쓰이는 언어

*"아이에게서 사탕을 빼앗는 것만큼이나 쉬워"라는 말을 하는 사람은
아이에게서 사탕을 뺏으려 시도해본 적이 없는 사람이다*
작자 미상

의식하면서 불평하지 않는 단계는 과민한 반응을 보이게 되는 단계로 이 단계에서는 당신은 자신이 말하는 모든 것을 인식하기 시작한다. 말할 때 매우 신중해져서 예전보다는 밴드를 덜 옮기게 된다. 입 밖으로 말을 내뱉기 전에 단어 선택에 신중을 기하게 되면서 좀 더 긍정적인 단어들을 사용하게 된다. 그러면서 당신의 보라색 고무밴드는 불평을 인식하는 도구에서 점차 말을 입 밖으로 내뱉기 전에 사용하는 단어들을 걸러내는 필터로 바뀌게 된다.

불평하지 않기 운동에 참여했던 한 가족이 이 '의식하면서 불평하는 단계'에서, 저녁식사 동안 서로에게 한 마디도 하지 않았다고 말했다. 이처럼 침묵이 지속되는 경우가 종종

보라색 고무밴드를 받은 즉시 우리는 우리의 대화가 빈정거림과 비판으로 가득 차 있다는 걸 인식하기 시작했습니다. 우리는 계속해서 밴드를 옮겨 끼우면서 그때마다 다시 시작하는 것을 원하지 않았기에, 불평하지 않고 대화하는 방법을 터득할 때까지 차라리 하루나 이틀 정도 말을 하지 않기로 결정할 정도였습니다.

미주리주, 캔자스시티에서
마틴 김

나타나는 것이 이 단계에서 나타나는 일반적인 모습이다. 이 단계에서 실제로 당신은 "좋게 말할 수 없으면, 아예 말을 하지 말거라"라는 당신 어머니의 제안을 따르기 시작한다.

우리가 맞춤 제작한 보라색 고무밴드에 대한 주문이 늘어나자, 우리는 이 밴드에 '영혼'이라는 단어를 계속 새겨넣을 것인가를 가지고 고민하기 시작했다. 비록 우리가 교회단체이긴 하지만, 우리는 불평 없는 세상 프로그램을 비종교적인 행동변화 운동으로 보고 있다. 게다가 모든 종파의 교회뿐 아니라, 이미 여러 다양한 집단이 이 프로그램을 선택했기에, 우리는 굳이 사람들이 종교에 몰입하기를 원하지 않으며 오히려 이 프로그램에 참여한 사람들이 종교에 상관없이 이 프로그램을 자신들의 삶을 개선하기 위한 하나의 방법으로 보기 바란다. 이 일을 진행하면서 우리는 '영혼'이라는 단어가 '숨을 쉬다'라는 뜻을 지닌 라틴어 'spiritus'에서 유래했다는 것도 알게 되었다. 의식적 능력 단계에서 할 수 있는 가장 좋은 방법은 입 밖으로 불평을 내뱉기 전에 크게 한 번 심호흡을 하는 것이다. 불평하는 것은 습관과도 같은 것이어서, 심호흡을 하게 되면 그 짧은 순간에 당신이 말하고자 하는 단어를 더 신중하게 선택할 수 있는 기회를 갖게 된다. 사람들에게 불평하는 대신 심호흡을 한번 하도록 일깨워주기 위해, 우리는 결국 '영혼'이라는 말을 새겨넣기로 결정했다.

침묵은 우리가 인간적 자아보다는 한 차원 더 높은 자아와 이야기할 기회를 준다. 아직도 많은 이들이 침묵을 불편하게 느끼지만 침묵은 우리와 신을 잇는 가교 역할을 한다.

청소년 시절 나는 혼자 캠핑을 하기 위해 호수 근처의 집에서 약 2킬로미터 정도 떨어진 작은 섬까지 노를 저어 간 적이 있다. 그때 침묵은 나와 나 자신을 다시 연결하는 기회가 되리라고 생각했기 때문이었다. 내가 섬을 향해 막 출발하는데, 아버지가 제방 위에서 나를 소리쳐 불렀다.

"윌!"

"네."

"너 어디 가니?"

"카운트 섬으로 캠핑가요."

"혼자서?"

"네."

잠시 침묵이 흐른 뒤, 아버지는 다시 이렇게 물었다.

"트랜지스터 텔레비전 가져가지 않을래?"

"아니요. 괜찮아요."

잠시 후 아버지는 다시 이렇게 물었다. "그럼 라디오는?"

"아니요. 그것도 괜찮아요."

나는 그때 집으로 들어가면서 어깨를 들썩거리던 아버지의 모습을 영원히 잊을 수 없을 것이다. 나는 아버지를 사랑했지만 아버지는 침묵과 그리 친숙한 분이 아니셨다. 심지어 아버지는 주무실 때도 침대 발치에 있는 커다란 텔레비전을 큰 소리로 틀어놓곤 했다.

당신이 기도하기 좋아하는 사람이라면, 이 의식하면서 불평하지 않는 단계는 당신이 더 깊이 기도할 수 있는 좋은 시간이 될 것이다. 더 이상 보라색 고무밴드를 옮기고 싶지 않은 시점에 도달하면, 말하기 전에 잠시 기도하고 싶은 마음이 들 것이다. 당신의 입에서 나오는 말들이 해로운 말들이기보다는 좀 더 건설적인 말들이 될 수 있도록 기도하라. 그리고 입에서 아무 말도 나오지 않으면, 그저 침묵하면 된다. 예전에 내가 라디오 광고 영업을 하던 시절, 나는 거의 말을 하지 않는 아주 과묵한 사람과 함께 일한 적이 있다. 그를 잘 알게 된 후, 나는 그에게 왜 그리 말수가 적은지 그 이유를 물어보았다. 그는 "말을 많이 하지 않으면 사람들이 나를 보다 더 똑똑한 사람으로 생각할 것 같아서요"라고 대답했다. 그의 말처럼 당신이 그저 아무 말도 않고 있으면, 사람들은 당신이 똑똑한 사람이라고 믿게 될지도 모른다. 하지만 우리가 끊임없이 말을 함으로써 스스로를 더 이상 똑똑해 보이게 할 수 없을 때, 우리는 우리 자신이 잠깐 동안이라도 침묵하는 것을 불편해한다는 사실을 인정해야 할 것이다.

　우리가 만나는 사람들 중에서 누가 우리에게 특별한 사람인지를 아는 방법 중 하나는 아무 말도 하지 않고 그 사람과 얼마나 오랫동안 함께 있을 수 있는지를 알아보는 것이다. 우리는 단지 그들의 존재만으로도 편안함을 느끼며, 그들과 함께 있는 것을 즐긴다. 무의미한 수다는 우리가 소중한 사람과 함께하는 시간을 더 의미 있게 만들지도 않으며 오히려 그 시간의 가치를 떨어뜨린다. 말을 많이 한다는 것은 그만큼 상대방과 함께 있는 것이 불편하다는 메시지를 전달하는 것이다. 침묵은 당신이 할 말을 숙고하여 신중하게 선택할 수 있도록 해준다. 또한 침묵은 앞으로 당신이 생산적 에너지를 쏟아붓고 싶어하는 것에 대해 이야기할 수 있게 해준다. 침묵을 지키면 불평만 잔뜩 늘어놓은 다음 찜찜한 기분이 드는 일은 없을 것이다.

　국방부 육군 중령이 보내온 다음과 같은 이메일은 불평하지 않기에 도전하는 과정에서 의식하면서 불평하지 않는 단계가 어떤 단계인지를 잘 보여준다.

　이곳에서 불평 없는 세상 프로그램이 어떻게 진행되고 있는지 간단하게 말씀드리고자 합니다.

　보내주신 12개의 보라색 고무밴드를 동료들에게 나누어준 결과, 그중 한 사람이 현재까지 아주 잘해내고 있습니다. 그녀는 항상 과묵하고 말을 아낄 줄 아는 사람으로 실제로 지금까지 열흘 이상 불평하지 않고 지내고 있는 것처럼 보입니다. 나머지 사람들은 우리가 생각했던 것보다 이러한 도전이 훨씬 더 어렵다는 것을 깨닫고 있습니다. 비록 우리는 자기도 모르는 사이에 불평을 내뱉은 후 이내 그 사실을 알아차리고 밴드를 바꿔 차곤 하지만, 이러한 도전은 우리에게 매우 중요한 뭔가를 깨닫게 해주었고, 이전에는 별 생각 없이 내뱉던 말들을 보다 긍정적인 표현으로 바꾸어 말하게 되었습니다. 저는 아직 하루도 성공하지 못했지만, 이 프로그램이 우리 사무실 내에서 상승작용을 일으키는 아주 강력한 커뮤니케이션 도구로 작용하고 있음을 알 수 있습니다. 우리는 자기도 모르게 불평을 내뱉은 순간 웃음을 터뜨리곤 하면서, 서로에게 더 나은 표현 방법을 찾기 위해 노력하고 있습니다. 우리 중 누군가가 이 도전에 성공하게 되면, 다시 알려드리도록 하겠습니다. 우리 모두는 이곳 펜타곤에서 더 많은 사람들이 이 프로그램에 참여할 수 있도록 열정을 다해 노력하고 있으며, 조금씩 전진해 가고 있습니다. 좋은 하루 보내시길 바랍니다.

펜타곤에서
캐시 하버스톡

앞에서도 언급한 바 있지만, 당신이 불평할 때 쓰는 말들과 그렇지 않을 때 쓰는 말들이 종종 같을 때가 있다. 똑같은 말을 하더라도 그 말의 이면에 숨어 있는 당신의 에너지는 의도하는 바에 따라서 당신이 불평을 하고 있다고 말할 수도 있고 그렇지 않을 수도 있다.

당신이 다음과 같은 표현들을 얼마나 자주 쓰고 있는지 한번 생각해보라.

- 그럼 그렇지.
- 어이쿠, 이런!
- 내 복이지 뭐.
- 매번 이렇더라고.

어떤 일이 잘못 되어갈 때, 당신은 "당연하지" 또는 "그것도 몰랐니?"라고 말하며 상대에게 핀잔을 준다. 이는 당신에게 나쁜 일이 일어날 것이라고 예상하고 있었다는 메시지를 내뱉는 것이다. 신은 이 모든 것을 듣고 있으며 당신이 생각하는 방향의 것을 당신에게 더 많이 보내준다.

내가 말하는 것이 곧 나의 생각을 반영하는 것이며 그것이 나의 현실을 지배한다는 것을 깨닫고 처음으로 내가 말하는 것에 주의하기로 결심한 그때를 나는 아직도 생생하게 기억하고 있다. 바로 아내의 20년 된 낡은 트럭을 몰고 창고에 있는 물건들을 옮길 때였다. 그 낡은 트럭은 이미 주행거리가 수십 킬로미터에 달했고, 트럭에는 30킬로미터 정도 더 갈수 있는 기름이 남아 있었다. 더 필요할 경우를 대비하여, 아내는 늘 트럭에 기름통을 싣고 다녔다.

100킬로미터가 조금 더 넘는 여정이었기 때문에 나는 출발 전에 트럭에 기름을 가득 채운 다음, 길동무로 우리 개 깁슨을 옆자리에 태웠다. 사우스캐롤라이나주 아이너에 있는 우리 집에서 출발해서 한 시간을 운전한 끝에 매닝에 있는 창고에 도착했다. 짐을 싣고 집으로 되돌아오는 길에 나는 지름길인 그릴리빌 쪽으로 방향을 돌렸다. 나는 매닝에 살았던 적이 있어서 그릴리빌로 가는 지름길을 잘 알고 있었다.

사실 나는 주말에 운동 삼아 자전거를 타고 그릴리빌까지

갔다 오곤 했다. 길만 막히지 않으면 직선거리로 20킬로미터 정도 되는 거리였다.

날이 저물기 시작하자 '엔진 점검' 등이 켜졌다. 순간 나는 속으로는 '안 돼! 큰일 났네'라고 생각했지만, 겉으로는 깁슨을 돌아보며 이렇게 말했다. "괜찮을 거야." 이 말을 하면서 나는 내가 살짝 미쳤다고 생각했다. 앞에서도 말했듯이 나는 돌아오는 길을 잘 알고 있었는데 내가 알기로 그 20킬로미터 구간에는 겨우 12여 가구의 집들이 있을 뿐이었다. 게다가 그때 나는 휴대폰도 가지고 오지 않았다.

트럭은 마침내 털털거리기 시작하더니 그렇게 1킬로미터 정도를 더 나갔다. 나는 "괜찮아"라고 되뇌며 내가 한 말을 믿으려고 애썼다. 트럭은 속력이 점점 느려져 결국에는 그 도로에 있는 몇 안 되는 집들 중 한 집 앞에 멈춰 섰다.

"그럼 그렇지!"라고 나는 그 행운의 순간을 기뻐하며 외쳤다.

나는 "저 집엔 아마 누군가가 있을 거고 그 집에서 전화를 쓸 수 있을 거야"라고 생각했다.

"아내에게 전화하면 아내가 나를 데리러올 거야."

나는 트럭 짐칸에 실은 짐들을 떠올리며 '어쩌면 오늘 밤 안으로 집에 도착해서 짐들을 집에 들일 수 있을 거야. 일이 모두 잘 해결될지는 모르겠지만, 그렇게 될 거라고 믿어야지 뭐 어쩌겠어'라고 생각했다. 지금 생각해보면, 그것은 내가 이런 상황에 대처하는 일반적인 방식은 아니었다. 예전 방식대로라면, 아마도 나는 트럭에서 내려 욕을 하거나 타이어를 발로 차는 행동을 먼저 했을 것이다. 하지만 나는 그렇게 하는 대신, 조용히 눈을 감고 깁슨과 내가 도로에 무사히 진입해 있는 장면을 연상해보았다. 그 연상 속의 시간은 저녁 무렵이었고 나는 지금 입고 있는 것과 같은 옷을 입고 있었다. 나는 잠시 동안 그 이미지를 마음속에 담은 뒤, 그 집 쪽으로 걸어가 대문 초인종을 눌렀다.

집 안에 사람의 인기척이 느껴졌다. 나는 내 트럭이 몇 킬로미터를 달린 후 처음으로 나타난 집 앞에 멈춰섰다는 사실에, 게다가 그 순간에 그 집에 사람이 있다는 사실에 다시 한 번 쾌재를 부르며 "그럼 그렇지!"라고 외쳤다.

한 남자가 문을 열고 나왔다. 나는 트럭이 고장 난 상황을 설명하고는 전화를 쓸 수 있는지 물어보았다. 그는 어둠 속에 멈춰서 있는 트럭을 보고는 내게 물었다.

"차종이 뭐죠?"

내가 "포드에요"라고 대답하자 그는 웃으며 "저는 포드 트럭 판매점의 서비스 매니저입니다. 우선 공구를 가져와서 잠깐 살펴보도록 하지요"라고 말했다.

그가 공구를 가지러 간 사이 나는 속으로 '그럼 그렇지!'라고 외쳤다. 실제로 모든 것이 잘 되어가고 있었다.

그는 15분가량 트럭의 후드 밑을 살펴보았고 그동안 나는 손전등을 들고 후드 쪽에 불을 비추어주었다. 한참을 살펴본 뒤 그는 "연료 시스템에 약간의 결함이 있는 것 같습니다. 1달러 하는 작은 부품만 있으면 될 것 같은데요. 지금 저희 집에는 그 부품이 없네요. 기계적 결함이라기보다는 배관 결함입니다"라고 말했다.

나는 "네… 괜찮습니다. 그러시다면 전화를 좀 써도 될까요?"라고 물었다. 그러자 그는 약간 망설이더니 "음… 배관에 문제가 있는데… 마침 배관공인 저희 아버지가 근처에 계시는데요. 우선 저희 아버지를 모셔올게요"라고 말했다.

그 남자가 그의 아버지를 모시러 간 사이, 나는 미소를 머금은 채, 깁슨의 목을 어루만지며, 또다시 속으로 외쳤다. '그럼 그렇지!'

몇 분 후, 그의 아버지가 와서 트럭을 살펴보더니 문제를 정확히 진단했다.

"3인치짜리 튜브만 있으면 되겠는데……."

그러자 그의 아들이 "이런 거요?"라며 정확한 크기의 튜브를 공구상자에서 꺼내며 말했다.

"그래… 바로 이거야. 어디서 찾았니?"

"이거요? 한 달 전쯤인가… 작업대에 굴러다니기에 필요할까 싶어서 공구상자에 담아뒀어요."

'그럼 그렇지!' 나는 또다시 속으로 쾌재를 불렀다.

얼마 지나지 않아 깁슨과 나는 다시 집으로 가는 도로로 들어설 수 있었다.

나는 깁슨에게 "참으로 놀라운 경험이야"라고 말했다.

모든 것이 잘 풀려가는 듯했다. 그러나 그 순간 주유등이 깜박거리기 시작했다. 너무 오랫동안 정차해 있는 바람에 기름이 많이 샌 것이다. 주변에는 역시 집이라고는 보이지 않았다. 나는 또다시 나는 걱정이 되기 시작했지만 이내 나 자신에게 말했다. "한 번 잘되었으니 두 번째도 역시 잘될 거야."

운전을 하는 동안, 나는 늦은 밤 안전하게 도로를 달리고 있는 깁슨과 내 모습을 다시 떠올려보았다. 그릴리빌 방향으로 꺾자마자, 그 마을에 있는 유일한 주유소가 나타났다. 내가 차를 주유소에 세우고 계산소로 들어가자 주유소 사장이 막 문을 잠그고 있었다.

"무엇을 도와드릴까요?"

"기름을 좀 넣으려고요"라고 말했다.

그는 다시 주유소 불을 켜면서 "그러세요"라고 말했다.

나는 내 바지 주머니에 손을 넣어, 갖고 있는 모든 돈을 꺼냈다. 기름이 새는 속도로 봐서, 집까지 무사히 가는 데는 약 4리터의 기름이 필요할 것 같았지만 수중에는 2달러밖에 없었다. 나는 그 돈으로 살 수 있는 최대량인 2리터를 담은 후, 그걸 카운터로 가져왔다.

"다른 제품도 좀 보셨나요?"라고 주유소 사장이 내게 물었다.

"아니요. 뭐 좋은 것이 있나요?"

그는 선반 쪽으로 걸어와 "저건 어떤가요?"라고 물었다.

"저 제품은 매우 좋은 브랜드예요. 제 생각엔 사장님이 지금 고른 것보다 훨씬 좋은 브랜드예요. 근데 저 제품은 더 이상 팔지 않을 예정이어서, 오늘 반값으로 할인 판매하고 있습니다."

나는 너무 신나는 것처럼 보이지 않으려 애쓰면서, 되돌아가서 4리터를 담은 후 카운터로 되돌아왔다. 그날 밤 11시 17분, 깁슨과 나는 무사히 도로로 진입할 수 있었다.

"그럼 그렇지!"

사람들이 종종 하는 내게 질문 중의 하나가 "하지만 당신이 원하는 걸 얻기 위해 불평해야 할 때도 있지 않나요?"라는 질문이다. 일이 진행되는 것에 대해 불평만 하기보다 당신이 원하는 것을 말함으로써 소망하는 것을 보다 효율적으로 얻을 수 있다.

며칠 전, 휴대폰이 울려 발신자를 확인해보았더니 발신자 표시 제한인 전화였다. 나는 당시 매우 바빴던 관계로 전화를 받지 않았고 전화를 건 사람도 별다른 메시지를 남기지 않았다. 그 뒤로 거의 1시간 간격으로 아무런 메시지도 남기지 않은 채 발신자를 알 수 없는 전화가 계속 걸려왔다. 참다못해 내가 그 전화를 받자 통신회사에서 녹음해서 내보내는 메시지를 들을 수 있었다.

"이 메시지는 메린 존슨 씨에게 매우 중요한 메시지입니다. 메린 존슨 씨가 맞으시면 1번을 누르시고, 그렇지 않으면 2번을 눌러주세요."

안내 메시지에 따라 나는 2번 버튼을 누르며, 잘못된 수신자에게 전화를 한 것이 인식되었으므로 더 이상 전화가 오지 않을 거라 생각했다. 하지만 또다시 1시간 간격으로 그 전화는 계속 걸려왔다. 나는 다시 전화를 받았고 똑같은 기계음의 메시지를 들었다. 또다시 나는 2번을 눌렀지만, 전화는 계속해서 걸려왔다.

사람들은 누구나 실수를 하며 나 또한 그렇다는 것을 잘 알고 있다. 기업은 단지 최선을 행하는 많은 사람들의 집단에 불과하다. 결국 며칠 후 나는 그 통신회사로 전화를 걸어 상황을 설명한 뒤, 다시는 그런 전화가 걸려오지 않게 해달라고 신신당부했다. 하지만 그 같은 전화는 계속 걸려왔다.

내가 21일 연속으로 불평하지 않기에 도전하기 전이었다면, 나는 아마도 그 회사에 다시 전화를 걸어 상사를 바꿔달라고 한 다음 그들의 형편없는 업무처리 태도를 심하게 비난했을 것이다. 더 나아가 내가 당한 일이 얼마나 부당한 일인지, 그로 인해 내가 얼마나 많은 불편을 겪었는지 내가 아는 모든 사람들에게 말하고 다녔을 것이다.

하지만 나는 그렇게 하는 대신 그 회사에 직접 전화를 걸어 고객상담부서의 직원에게 이렇게 말했다. "실수가 발생한 것 같습니다. 물론 전화 받으시는 분의 잘못도 아니지만, 그 회사에서 더 이상 이런 전화로 피해가 가지 않도록 하기 위해 이 문제를 해결할 방법을 함께 찾을 때까지 저는 기꺼이 도와드릴 용의가 있습니다."

약 10분 후에, 상담 직원은 문제점을 발견했다. 회사 전산 시스템에 나의 전화번호가 다른 사람의 번호로 입력되어 있었던 것이었다. 문제가 해결되자 발신자를 알 수 없는 전화는 더 이상 걸려오지 않았다.

그렇게 해서 나는 혈압을 올리거나 화를 낼 필요도 없이 내가 원하는 결과를 얻을 수 있었다. 또한 나는 그 문제를 해결하기 위해 나의 친구, 동료나 가족들을 전혀 개입시키지 않았다. 대신 나는 정말 나를 도와줄 수 있는 사람에게 연락해서 내가 원하는 것을 설명했고 그것에 초점을 두었다.

당신은 당신이 받을 자격이 있는 것을 받을 권리가 있다. 이것을 성취하기 위해, 문제 자체에 대해 이야기하거나 집중하지 마라. 문제 그 이면에 집중하라. 그리고 그 문제가 해결된 것으로 보라. 당신이 얻고자 하는 것에 대해서만 이야기하고, 그것을 줄 수 있는 사람에게만 이야기하라. 그러면 당신이 추구하는 것을 얻기 위해 기다리는 시간을 훨씬 줄일 수 있고, 그 과정도 더욱 행복해질 것이다.

나는 최근 "지금껏 미국에서 이루어진 모든 위대한 일들은 사람들의 불평에서 시작되었잖아요. 토머스 제퍼슨(Thomas Jefferson, 미국의 제3대 대통령)이나 마틴 루터 킹(Martin Luther King Jr.) 목사를 한번 생각해보세요"라고 쓴 이메일을 한 통 받았다.

이 이메일을 보낸 여성이 말한 것 중 한 가지 사실에 대해서는 나도 동감한다. 즉, 진보를 향한 첫 번째 발걸음은 바로 불만족에서 시작된다는 것이다. 그러나 우리가 불만족 상태에만 머무른다면, 결코 더 밝은 미래를 향해 나아갈 수 없다. 항해를 하면서 목적지에 대해 불평을 하는 사람은 마찬가지로 자신이 출항한 항구에 대해서도 만족을 하지 못하는 사람들이다. 우리는 일어나지 않았으면 하는 일보다는 일어나기를 원하는 일에 항상 초점을 맞추어야 한다. 그러나 불평 자체는 일어나지 않았으면 하는 일에 더 초점을 맞추는 일이다.

과연 미국의 위대한 지도자들은 불평가였을까? 나의 대답은 '그렇지 않다'이다. 이 위대한 지도자들은 불만족을 통해 위대한 비전을 품게 되었으며, 비전에 대한 그들의 열정은 그들을 추종하는 모든 미국인들에게 깊은 영감을 주었다. 위대한 지도자들은 끊임없이 희망찬 미래에 집중함으로써 국가 전체의 심장을 뛰게 만들었다. 우리의 자각을 국가로, 결국에는 우리의 미래로 변형하는 방법은 로버트 케네디(Robert Kennedy, 미국의 법조인이자 정치인)의 다음과 같은 말에 잘 나타나 있다. "어떤 사람들은 현재의 것들을 있는 그대로 보고, '왜?'라고 말하지만 나는 과거에 없었던 것들을 꿈꾸며 말한다. '왜 안 돼?'라고."

1963년 8월 28일, 마틴 루터 킹 목사가 링컨 기념관의 계단에 서서 "우리는 정말 끔찍한 대우를 받고 있지 않습니까?"라고 했던가? 아니다. 그는 전 국민의 심금을 울리는 연설을 했고 반세기가 지난 지금도 이 연설을 듣는 사람들은 감동의 눈물을 흘린다. 그는 "제겐 꿈이 있습니다"라고 선언하였다. 마틴 루터 킹 목사는 인종차별이 없는 세상의 청사진을 우리 마음속에 심어주었다. 그는 산 정상에 서 있는 사람이었으며 그의 힘 있고 감동적인 연설은 우리들을 그가 서 있는 산 정상으로 인도하였다.

독립선언문에서 토머스 제퍼슨은 대영제국의 지배하에서 식민지 국가들이 겪고 있는 어려움에 대해 분명히 기술했다. 하지만 1776년 7월 4일에 그가 서명한 문서의 내용은 장황한 불평이 아니었다. 만약 그 문서가 지루한 불평을 나열한 것이었다면 이 같은 세상을 상상할 수도, 다른 국가들의 지지를 얻을 수도, 식민지 국가를 통합할 수도 없었을 것이다. 미국 독립선언문의 첫 단락은 이렇게 시작한다.

> "인류의 역사에서 한 민족이 다른 한 민족과의 정치적 결합을 해체하고 세계 여러 강국들 사이에서 자연법과 자연의 신의 법이 부여한 독립과 평등의 지위를 차지하는 것이 필요할 때……."

　잠시 당신이 13개 식민지 중 한 식민지의 이주자라고 생각해보라. 그리고 위 단락에서 "자연법과 자연의 신의 법이 부여한 독립과 평등"이라는 표현에 대해 생각해보자. 제퍼슨이 이 문구를 작성했을 당시, 영국은 그 누구도 대적할 수 없는 초강대국이었다. 제퍼슨은 어떤 과장법도 쓰지 않고, 갓 태어난 여러 식민 국가들을 이 정치적 거인과 '평등'하다고 기술하고 있다. 증대된 자긍심과 열정으로 한층 고무된 식민 국가들이 술렁거리는 소리가 들리는 듯하다. 어떻게 그들은 대영제국과 평등하다는 생각을 품을 수 있었을까? 그것은 "자연법과 자연의 신의 법이 부여한"이라는 말 때문이었다. 이 말은 전혀 불평이 아니다. 이 말은 밝은 미래를 향한 확고한 비전과도 같은 것이다. 이것이 바로 문제의 핵심에 집중하는 것이다.

로자 파크스(Rosa Parks)*는 버스의 맨 뒷좌석으로 가 앉지도 않았으며 그곳에 앉아야만 하는 부당함에 대해 사람들에게 불평하지도 않았다. 그녀는 피부색과 상관없이 다른 모든 사람들과 함께, 그녀가 마땅히 앉아야 할 자리에 앉아 있었을 뿐이다. 그녀는 문제의 핵심을 보았을 뿐만 아니라, 그 해결책을 몸소 보여준 것이다.

지금 이 시대에도 나는 그러한 비전에 대한 꿈을 간직하고 있다. 지금까지 나는 중동의 평화회담에 관한 뉴스를 수없이 들어왔다. 하지만 평화회담에서 주로 논의되는 내용들을 들어보면, 그러한 회담이 평화회담이 아니라 마치 '전쟁회담'인 것처럼 들린다. "만일 당신이 회담을 중지하면, 우리도 다

---

*1955년 12월 1일 오후 6시경, 마흔두 살의 봉제공 로자 파크스는 앨라배마주 몽고메리시의 중심가에서 버스를 탔다. 당시 백인은 앞좌석, 흑인은 뒷좌석에 타야 했다. 하지만 백인들이 많이 탔다면 백인들이 타고 남은 자리가 흑인들의 자리였다. 로자 파크스는 원래 구분선 뒤 흑인들의 자리에 앉아 있었다. 그러나 백인들이 많이 타는 바람에 백인들의 자리가 모자라게 되자 운전수가 구분선을 뒤로 옮기고 로자 파크스를 포함한 4명의 흑인들에게 자리를 옮길 것을 요구했다. 다른 3명은 뒤로 갔지만 로자 파크스는 옮기지 않았다. 운전수가 "왜 일어서지 않느냐"고 묻자 그녀는 "일어서고 싶지 않다"고 말했다. 운전사가 "경찰에 신고하겠다"고 하자 그녀는 "그러시라"고 답했다. 실랑이를 벌이는 와중에 그녀는 구타도 당했지만 꼼짝도 하지 않았다. 그녀는 훗날 "나는 한 사람의 인간으로서, 그리고 앨라배마주의 시민으로서 도대체 어떤 권리를 갖고 있는지 알아야만 했다"고 회고했다. 이 사건은 마틴 루터 킹 목사가 인종차별에 저항하는 운동을 벌이게 된 계기가 되었다. 미국의 인권운동 사상 가장 장엄한 승리를 가져온 그 유명한 '몽고메리 버스 보이콧(The Montgomery Bus Boycott)' 운동이 바로 그것이다. 381일 동안 계속된 이 운동에 참여한 사람만 3만여 명에 달했다.

음에 당신의 회담을 거부할 것이다"라고 서로 협박하는 것처럼 들릴 따름이다. 미국 대통령은 중동국가들 간의 견해 차이를 조정하기 위해 중동의 지도자들을 한자리에 불러모으지만, 이 회담 자체가 이견에만 초점을 맞추기 때문에 내가 보기에 회담의 성과는 아주 미미한 것으로 보인다.

나는 만약 이 평화회담에서 각국 지도자들이 함께 모여, 이런 불협화음이 없다면 어떻게 될 것인지, 또는 중동국가들이 평화적 공존과 상호 이해라는 소망을 이루기 위해 뜻을 함께하면 어떻게 될 것인지에 대해 논의한다면 어떨까 하는 생각을 해본다.

만약 진정한 의미의 평화회담을 하게 된다면, 회담의 규칙은 매우 간단해질 것이다. 현재 일어나고 있는 일이나, 과거의 사건들에 대해 논의하는 대신에 서로 불편한 감정이 사라진다면 어떻게 될 것인가에 모든 초점이 맞추어져야 할 것이다. 그렇게 되면, 그들은 다음과 같은 질문을 하게 될 것이다. "중동국가 사이에 평화가 이루어진다면 그러한 평화는 어떤 형태로 나타날 것이며, 사람들은 그것을 어떻게 느낄 것이며, 그 결과 중동에는 어떤 분위기가 형성될 것인가?" "전쟁과 대립의 시기가 어렴풋한 기억이 되어 역사책을 개편해야 한다면 어떻게 될 것인가?

그렇게 된다면 회담의 당사자들은 회담을 통해 얻고자 하는 결과물, 즉 평화에만 초점을 두게 될 것이며 사실 그것이 전부다. 이러한 회담에서는 "어떻게 그것을 이룰 것인가?" 라는 질문은 회담 시작부터 하지 못하도록 할 것이다. 회담 당사자들이 평화로운 공존에 이르는 길을 두 갈래로 갈라놓고, 지리적 경계나 보상, 무장해제, 무기수입 제한 및 모든 형태의 대립적 시각에 대해 논의하기 시작하면, 초점은 다시 현재의 문제점들로 되돌아가게 될 것이다. 그리고 계속 이런 문제점들에만 초점이 맞추어 질 것이다.

에이브러햄 링컨(Abraham Lincoln)은 "적을 없애는 가장 좋은 방법은 적을 당신의 친구로 만드는 것이다"라고 했다. 이러한 변화는 우리 마음속에서 먼저 일어난다. 그 다음에 우리의 말이 우리가 생각하고 있는 것을 드러낸다.

당신의 일련의 변화의 과정을 겪는 동안, "그럼 그렇지", "어이쿠, 이런!", "내 복이지 뭐", "매번 이렇더라고"라는 말을 해도 좋다. 다만 뭔가 좋은 일이 일어났다고 느껴질 때, 이 같은 말들을 하도록 하라. 어떤 일이 아주 잘될 때, 감사의 환호성과 함께 이런 말들을 해보라.

내게는 항상 "나는 이 세상에서 제일 운이 좋은 사람이야. 나한테는 모든 일이 잘 풀린단 말이야"라고 말하는 친구가 있다. 그 친구에게는 아름다운 아내와 귀여운 아이들이 있으며 그 친구가 하는 사업도 성공적이어서 30대의 나이에 벌써

백만장자가 되었다. 그가 늘 말하는 것처럼 그는 단지 운이 좋은 사람이라고 할 수도 있을 것이다. 하지만 나는 자신이 운이 좋다고 생각한 그의 신념이 그를 그렇게 만들었다고 본다. 그렇다면, 왜 우리는 그가 한 것처럼 해보려고 하지 않는가? 당신에게 정말 좋은 일이 일어나면, 그것이 아무리 사소한 일일지라도 "그럼 그렇지"라고 한번 말해보라. 말은 아주 강력한 힘을 갖고 있다. 우리가 하는 말을 바꾸면, 우리는 우리의 인생까지도 바꿀 수 있다.

어느 날 나는 다른 주를 다녀오기 위해 주간(州間) 고속도로를 통과해야 할 일이 있었다. 나는 제한속도보다 몇 킬로미터 더 빨리 달리고 있었기 때문에 추월차선을 택했다. 그런데 내 차 앞에서 미니밴이 제한속도보다 몇 킬로미터 더 느리게 달리고 있는 것이 아닌가. 순간 나는 마음속으로 '제한속도보다 느리게 달릴 거면, 다른 차들이 먼저 지나가도록 옆 차선으로 가야 한다는 것도 모르나?'라고 생각했다. 그로부터 며칠 후, 나는 또다시 내 앞의 운전자가 제한속도보다 느린 속도로 매우 조심스럽게 운전하고 있는 것을 발견했다. 그런데 그 차 앞에서 달리고 있는 차를 보니 또 미니밴이었다. 나는 추월차선에서 그처럼 느리게 가는 것은 너무나 분별없는 행동이라면서 혼자 화를 벌컥 냈다.

며칠 뒤, 아내와 딸아이를 태우고 운전하다가 또다시 추월차선에서 느린 속도로 여유롭게 운전하고 있는 차 때문에 속도를 내지 못하는 상황을 맞게 되었는데, 아니나 다를까 그 차는 역시나 미니밴이었다. 이번에는 가족들에게 불평을 해댔다. 잇달아 계속 같은 상황이 반복되었고 그럴 때마다 주범은 미니밴이었다. 나는 미니밴을 아주 지독한 범죄자의 상징이나 표상으로 간주하기 시작했고 나에게 미니밴이라는 차종은 사소하지만 아주 거슬리는 것이 되어버렸다. 나는 점점 더 그러한 상황이 자주 발생한다는 것을 알아차렸다. 마침내 나는 내가 "미니밴 운전자는 무례하며 교통을 방해한다"라고 단정 짓고 있다는 것을 깨달았다. 내가 그렇게 믿는 것처럼 실제로도 거의 운전을 할 때마다 미니밴 운전자들이 무례한 운전습관으로 교통의 흐름을 방해하는 것을 볼 수 있었다.

나는 내가 관찰한 미니밴에 대한 선입견을 줄이는 방법을 찾아내려 노력했다. 그러다가 미국 개조자동차 경주대회인 나스카(NASCAR)를 생각해냈다. 나스카에서는 차가 파손되거나 위험한 장애물을 만나 사고가 나는 것을 방지하기 위해 경기 시작 전에 출전 차량들을 이끌고 트랙을 사전 점검하는 페이스카(pace car)가 트랙으로 먼저 진입한다. 앞의 장애물을 제거하고 다시 안전한 상태가 될 때까지 운전자들은 페이스카를 따라 운전해야만 한다.

나는 "만약 미니밴이 주간 고속도로 상의 페이스카라면 어떨까?"라는 생각을 해보았다.

아마도 이 미니밴은 내가 고속도로 상에서 딱지를 떼지 않게 도와주고, 더 나아가 사고가 나지 않게끔 내가 천천히 운전하도록 하려고 내 앞에서 운전을 했을지도 모른다. 그 후로 나는 추월차선에서 운전 중 내 차 앞에서 천천히 달리고 있는 미니밴을 발견할 때마다, 그 차를 페이스카로 간주하고 감사하기 시작했다. 습관적으로 이런 생각을 계속하자 나는 미니밴의 원래 이름을 잊어버릴 정도로 미니밴을 완전히 페이스카로 인식하기 시작했다. 이제 나는 미니밴이 내 차 앞에서 느린 속도로 가면 "아이구, 앞에 페이스카가 있네, 속도를 줄여야겠어"라고 가족에게 말하곤 한다.

흥미로운 사실은 내가 미니밴을 다른 이름으로 부르기 시작하면서, 그 차가 미니밴이든, 페이스카든, 어쨌든 속도를 줄이게 해준 것에 대해 감사하기 시작하자, 추월차선에서 앞차 때문에 속도를 내지 못하는 경우가 아주 드문 일이라는 것을 알게 되었다. 요즘은 출근할 때, 미니밴 때문에 속도를 줄이는 경우는 거의 없으며, 그런 경우가 생기더라도 나는 오히려 그들에게 감사하는 마음을 갖게 된다.

미니밴에 대한 내 마음가짐을 바꾸고, 미니밴을 페이스카로 인식하고 고마워함으로써 나는 미니밴이 내게 뜻하는 바를 바꾸었고 그 결과 미니밴은 내게 도전이 아니라 선물이 되었다. 마찬가지로 당신이 당신 인생에 있어서 어떤 사람들이나 사건들을 당신에게 좀 더 긍정적인 에너지를 불어넣는 이름으로 부르기 시작하면, 그들도, 또는 그러한 일들도 더 이상 당신을 괴롭히지 않으며 실제로 당신에게 축복이 될 수도 있다는 것을 깨닫게 될 것이다.

당신이 사용하는 말을 바꿈으로써 당신의 인생이 바뀌는 것을 경험해보길 바란다.

예를 들어,

'문제' 대신 '기회'라고,
'해야 한다' 대신 '하게 된다'라고,
'좌절' 대신 '도전'이라고,
'적' 대신 '친구'라고,
'괴롭히는 사람' 대신 '가르쳐주는 사람'이라고,
'고통' 대신 '신호'라고,
'요구하는' 대신 '감사하는'이라고,
'불평' 대신 '요청'이라고,
'고군분투' 대신 '여정'이라고,
'네가 이렇게 만들었잖아' 대신 '내가 그렇게 한 거야'라고
말해보라

처음 시작할 때는 매우 어색하게 느껴질 수도 있다. 하지만 말을 바꿈으로써 당신이 사람이나 상황을 대하는 태도가 어떻게 달라지는지 잘 살펴보기 바란다. 당신이 사용하는 말을 바꾸면, 마찬가지로 상황도 그에 따라 변하게 될 것이다.

종종 사람들의 안부를 물으면, 나는 사람들이 비꼬는 투로 "천국이 따로 없지요"라고 말하는 것을 듣곤 한다. 하지만 나는 그들이 말하는 것을 같은 질문에 대한 진심어린 대답으로 쓰기로 결정했다. 누군가 나의 안부를 물으면, 나는 비꼬는 투가 아닌 진심으로 이렇게 대답하곤 한다. "네. 요즘처럼 지내기만 하면 천국이 따로 없지요." 물론 처음에는 이렇게 대답하는 것이 불편하기도 했지만, 그렇게 대답하는 버릇은 이제 나의 천성이 되어버렸다. 나는 내가 이런 대답을 하면 사람들이 환하게 웃는다는 것을 알게 되었다. 또한 그러한 대답은 그 순간에 행복할 것인가 슬플 것인가, 그 순간을 천국으로 만들 것인가 지옥으로 만들 것인가, 그 선택권은 바로 내가 쥐고 있다는 사실을 일깨워주곤 했다.

당신은 당신이 사용하는 말로써 지금 당신의 삶을 창조할 수 있는 선택권을 가지고 있다. 현명한 선택을 하기 바란다.

비판자와 지지자를 구별하라

장인(匠人)이 되는 것보다는
비평가가 되는 것이 더 쉬운 법이다
제욱시스(Zeuxis, 고대 그리스의 화가)

비판은 신랄하게 불평하는 것이다. 비판은 전형적으로 어떤 이를 폄하하려는 의도를 가지고 있다. 비판이 타인의 행동에 변화를 가져오는 효과적인 방법이라 생각하는 이들도 있지만, 실제로 비판은 그 정반대의 효과가 있다.

나는 이 책의 서문에서 우리가 길모퉁이 집에 살고 있을 때 우리 집에서 키우던 개인 진저의 슬픈 죽음에 관한 이야기를 한 바 있다. 우리 집은 자동차의 제한속도가 시속 40킬로미터에서 90킬로미터로 바뀌는 지점에서 가까웠기 때문에 우리 집 앞에서 차량들은 속도를 올리며 빠르게 지나가곤 했다. 특히 진저가 죽은 뒤로는 나는 빠른 속도로 지나가는 차들을 신경 쓰지 않을 수가 없었다.

나는 불평하지 않고 잘 지내왔다. 내 인생을 돌아보면 변화가 이루어졌음을 알 수 있다. 남편은 내게 불평하지 않는 습관을 그만두라고 한다. 그는 내가 재미없어졌다고 말한다. 그는 불평이 재미있는 일이라 생각하는 것 같다. 나는 더 이상 그와 동조하여 불평하는 일은 안 할 생각이다. 그의 생각과 나의 생각이 다르다는 것이 슬프다.

익명의 여성

나는 종종 우리 집 마당의 잔디를 깎다가 지나가는 차들이 속력을 내는 걸 보면 운전자들에게 속도를 줄이라고 소리치곤 했다. 때로는 소리치는 것으로도 모자라서 속도를 내지 말라고 두 팔을 휘젓기도 했다. 그러나 짜증스럽게도 운전자들은 거의 속도를 줄이지 않고 내 눈길을 피해 지나칠 뿐이었다. 나를 가장 짜증나게 했던 차는 노란색 스포츠카였는데 그 차를 몰고 다니는 젊은 여성은 내가 아무리 소리치고 팔을 흔들어대도 위험스러울 정도로 속력을 내며 우리 집 앞을 지나쳐가곤 했다.

어느 날, 내가 뒤뜰에서 잔디를 깎고 있고, 아내는 집 앞에서 꽃을 심고 있는데 그 스포츠카가 여느 때와 마찬가지로 빠른 속도로 다가왔다. 나는 내가 무슨 짓을 하든 소용없으리라고 생각하고 아무런 행동도 취하지 않았다. 그런데 그 차가 우리 집 앞을 지나갈 때, 브레이크 등이 들어오면서 속도가 줄어드는 것이 아닌가. 나는 놀랐다. 그 차가 위험한 속도로 지나가지 않은 것은 그때가 처음이었다. 게다가 나는 평소에는 늘 뿌루퉁한 표정이던 그 젊은 여성이 미소 짓는 것도 그때 처음 보았다. 궁금해진 나는 잔디깎기 기계를 끄고 앞뜰로 가서 그 여성이 왜 차의 속도를 줄였는지 아내에게 물어보았다. 아내는 나를 쳐다보지도 않고 이렇게 대답했다. "간단해요. 내가 그녀에게 미소 짓고 손을 흔들어주었거든요."

나는 놀라서 소리쳤다. "뭐라고?"

그러자 아내는 다시 말했다. "그녀가 마치 내 오랜 친구인 것처럼 미소 짓고 손을 흔들어 주면 그녀도 미소로 화답하면서 속도를 줄여요."

몇 달 동안이나 나는 비난을 통해 그 여성으로 하여금 속도를 줄이게 만들려고 노력했다. 나는 그녀가 잘못된 운전습관을 갖고 있다는 것을 일깨워주려 했다. 아내는 그녀를 친절로 대했고, 그녀도 친절로 화답했다. 생각해보니 이것이야말로 상식적인 행동이었다. 그녀는 차를 몰고 지나갈 때 내가 외치는 소리를 듣지 못했을 테지만 내 행동은 아마도 그녀의 눈에 바보처럼 보였을 것이다. 그녀의 눈에 나는 잔디깎기 기계에 앉아서 화를 내고 있는 이상한 남자로 보였을 것이다. 생각해보니 그녀가 내 눈길을 피해 성급히 지나쳐가는 것이 당연했다. 이와 반대로 아내는 그녀에게 자신을 친구로 대해주는 친절한 이웃 여자로 보였을 것이다. 아내가 그녀를 인정해주는 마음으로 대한 반면, 나는 비난하는 태도를 보였던 것이다. 그 후로는 그 스포츠카가 속력을 내서 우리 집 앞을 지나가는 일은 없었다. 그 차는 우리 마을을 벗어날 때까지는 늘 안전한 속도를 유지했다.

그 누구도 비판받는 것을 좋아하지 않는다. 비판은 비판이 대상이 되는 태도나 행동을 변화시키기는커녕 오히려 강화하는 결과를 초래한다. 비판은 누군가의, 또는 어떤 것의 결점을 찾아내는 일이다. 우리가 누군가를 비판하면 비판을 받은 사람은 자신의 행위를 정당화할 필요를 느낀다. 정당화는 어떤 이가 부당한 일을 당했다고 느낄 때 취하는 반응이다. 그들에게 비판은 부당한 것이고 그들은 자신이 가진 모든 수단을 동원해서 역공을 취한다. 앞에서 말한 경우, 내가 그 스포츠카 운전자에게 고함을 치면 그녀는 자신의 권리를 정당화하기 위해 더욱 속도를 내는 것이다. 그 여성으로 하여금 속도를 줄이게 하는 더욱 효과적이고 바람직한 방법이 있다는 것을 아내는 몸소 보여준 것이다.

훌륭한 리더들은 사람들이 비난보다는 인정에 더욱 긍정적으로 반응한다는 것을 알고 있다. 인정은 사람들로 하여금 더 많은 인정을 받기 위한 동기를 부여한다. 비판은 누군가를 헐뜯는 행위다. 우리가 누군가를 폄하하는 것은 장래에 그 사람이 우리와 똑같은 행동을 하도록 허락하는 것이나 마찬가지다. 당신이 주변의 누군가를 게으르다고 비난하면 그는 우리와의 관계에서 그 비난을 사실로 받아들이고 묵인하는 대신, 게으르다는 낙인에 부합하는 행동을 되풀이한다.

우리 모두가 가진 첫 번째 욕구는 인정받는 것, 가치 있는 존재로 대접받는 것, 자신이 중요한 존재로 느끼는 것이다. 내성적으로 타고난 사람이라 하더라도 타인들, 특히 자신에게 중요한 사람들로부터 관심을 받기 원한다. 관심이 비난과 같이 부정적인 것일지라도 주목을 끌기 위해 같은 행동을 반복한다. 이러한 행동은 대부분 의식적인 것이 아니라, 별 생각 없이 이루어지는 것이다. 우리 모두는 주의를 끌기 원하고 어떻게든 관심을 얻기 원한다. 그리고 그러한 관심이 비판적인 것이라면 비판자의 기대 수준에 맞는 행동을 한다.

관심이 행동을 끌어낸다. 다시 한 번 강조해도 지나치지 않다. "관심이 행동을 끌어낸다." 우리는 이와 정반대의 경우를 바라지만, 우리의 행동이 관심을 이끄는 것은 아니다. 우리가 누군가를 비난하는 것은 장래에 그 비난된 행위를 하도록 유도하는 것이나 마찬가지다. 이것은 당신의 배우자, 자녀, 직원, 친구에게도 해당된다. 조지 버나드 쇼(George Beranrd

Show)의 희곡 〈피그말리온(Pygmalion)〉에서 엘리자 둘리틀은 이러한 현상을 피커링 대령에게 설명한다. "보세요. 입은 옷과 상관없이, 숙녀와 꽃 파는 여자의 차이는 어떤 행동을 하느냐가 아니라 어떤 대우를 받느냐는 데 있지요. 저는 히긴스 교수님에게는 영원히 꽃 파는 여자로 남아 있을 거예요. 왜냐하면 교수님은 항상 저를 꽃 파는 소녀로 대하기 때문이죠. 하지만 당신한테는 숙녀가 될 수 있어요. 당신이 저를 늘 숙녀로 대하고 영원히 그럴 것이기 때문이죠."

우리는 우리가 생각하는 것보다 삶을 창조할 수 있는 더 큰 능력을 갖고 있다. 타인들에 대한 우리의 생각은 그들이 우리에게 보이는 모습뿐만 아니라 우리와 그들과의 관계를 결정한다. 우리의 말을 통해 그들은 우리가 그들에게 어떤 행동을 기대하는지를 알아차린다. 우리가 그들을 비판하는 말을 하면, 그들의 행동은 우리가 하는 말을 그대로 반영한다.

간혹 자녀가 잘하는 과목보다는 못하는 과목에 더 주의를 기울이는 부모들이 있다. 그런 부모들은 예를 들어 아이가 네 과목은 90점 이상이지만 한 과목만은 70점대인 성적표를 가져오면, "왜 이 과목은 점수가 이것밖에 못 맞았니?"라고 말한다. 아이가 잘하는 네 과목보다는 못하는 한 과목에 관심의 초점이 맞춰진 것이다. 얼마 전 우리 딸 리아의 성적이 내려가기 시작했을 때, 스스로를 아이를 잘 이해하고 사랑하고 도움을 주고자 노력하는 부모라 믿고 있던 우리 부부는 딸아이의 성적을 향상시키려는 의도로 딸아이가 못하는 과목에 관심을 기울이기 시작했다. 그러자 놀랍게도 다른 과목조차도 성적이 떨어지기 시작했다. 아내와 나는 곧 딸아이의 성적이 딱 그 정도라는 것을, 그리고 그것은 딸아이의 성적일 뿐이라는 걸 깨달았다. 그 후로 우리 부부는 딸아이가 잘하는 과목에 대해 칭찬해주고 딸아이에게 성적표에 만족하는지만 물어보았다. 아이의 실제 실력보다 성적이 안 나왔다 하더라도, 아이가 "그렇다"라고 대답하면 우리는 그냥 내버려두었다. 그러자 딸아이의 성적은 이내 향상되기 시작했고 이제는 전 과목에서 늘 90점 이상을 받아오고 있다.

"불평하고 비판하는 것이 내 일이다." 나는 수많은 언론계 사람들이 이런 말을 하는 것을 종종 들어왔지만 그런 말을 막상 들으면 서글픈 느낌을 지울 수 없다. 나 역시 방송언론 분야의 학위를 가지고 있으며, 그때 언론인의 임무는 사실을 보도하고 실제로 일어난 일에 대해 설명하는 것이라고 배웠다. 그러나 일부 언론계 사람들은 사람들을 흥분시키는 것이 자신들의 일이라고 생각하는 듯하다. 이는 사람들이 뉴스를 보고 듣게 만들고, 신문을 사게 만들기 위한 것으로서 시청률, 판매수익과도 연관된 문제다. 정보를 제공하는 것은 중요한 일이지만 방송을 통해 여론을 조작해서는 안 된다. 하지만 흔히 다른 사람에게 영향을 미치는 방법으로 비판이라는 방법이 이용된다.

그렇다고 해서 영화, 도서, 연극 비평가들이 필요 없다는 말은 아니다. 훌륭한 비평가나 평론가는 어떤 영화나 책, 연극이 우리가 시간과 돈을 쓸 만한 가치가 있는 것인지를 알려줌으로써 사람들의 시간과 돈을 절약할 수 있도록 해준다. 실제로 내가 괜찮다고 생각하는 영화를 괜찮은 영화로 평가하는 영화 평론가가 있다. 그가 하는 일이 모든 영화를 보고 그에 대해 평을 쓰는 것이기 때문에 나는 그가 하는 일이 가치가 있다고 생각하고 그의 평을 믿는다.

우리가 어떤 평론을 읽을 때 우리는 그가 평론가인지 비평가인지를 구분할 수 있다. 어젯밤 자리에 눕기 전, 나는 이번 주에 개봉하는 영화에 대한 평을 읽었다. 그 평론은 영화와는 별로 관계가 없는 장황하고 의미를 파악하기 힘든 난해한 표현들과 영화에 관련한 전문용어로 가득 찬 글이었다. 그래서 그 글은 읽는 이들에게 마치 "내가 얼마나 똑똑한지 알겠지?"라고 말하는 것처럼 보였다.

비판은 일종의 불평이다. 다른 종류의 불평과 마찬가지로 비판은 "내 취향은 너무 세련되어서 당신들은 못 따라올 거야"라고 자기 자신을 자랑하는 것과 마찬가지다. 〈Mr. 히치 (Hitch)〉라는 영화를 본 적이 있는지? 이 영화에서 앨버트 역을 맡은 케빈 제임스(Kevin James)는 콧대 높은 속물들로 둘러싸인 젊은 상속녀와 데이트를 하는 인물로 나온다. 그 영화에서는 등장인물들이 파티 석상에서 음식점, 영화, 연극, 미술 전시관 개관행사에 대해 대화를 나누는 장면이 나오는데 두 젊은이는 그 모든 행사에 대해 서슴없이 "역겹다"고 말한다. "우리한테는 그 모든 게 역겨워. 우리 취향이 너무 세련되었기 때문에 그 어느 것도 우리 기대에는 못 미치지."

의식하면서 불평하지 않는 단계에서는 자신의 말을 주의 깊게 듣고 비판의 말을 삼가야 한다. 당신은 당신이 비난하고 있는 행동을 계속하고 있다는 것도 알고 있어야 한다. 내가 이 단계에 있었을 때, 나는 이 단계를 '보라색 고무밴드를 옮기고 싶지 않아'라는 단계라고 불렀다. 무슨 말을 시작할 때 비판의 마음이 생기면 나 자신에게 그저 이렇게 말했다. "나는 보라색 고무밴드를 옮기고 싶지 않아." 당신도 도덕심에서 비판의 말이 나오려 할 때는 간단히 "나는 보라색 고무밴드를 옮기고 싶지 않아"라고 말해보도록 하라.

이 단계에서 도움이 될 만한 또 다른 방법은 불평하지 않는 친구를 찾는 것이다. 같이 이 단계를 극복하고 서로 도움을 줄 만한 사람을 찾아야 한다. 하지만 한 가지 주의할 점이 있다. 그 사람이 당신이 불평하고, 비난하고, 남에 대한 이야기를 하는지 감시하는 사람이 되어서는 안 된다. 당신도 그가 불평할 때 그 사실을 지적해서는 안 된다. 지적하는 것은 불평하는 것과 마찬가지이므로 지적을 하게 되면 당신도 밴드를 옮겨 끼워야 한다. 오히려 친구는 당신의 성공을 함께 나누고, 당신이 다시 시도할 때는 그 노력을 지속하도록 격려해주는 사람이어야 한다. 당신이 긍정적인 태도로 자신의 삶을 재구성하는 것을 도와주고 당신이 어떠한 상황에 처하든 그 상황에서 좋은 점을 찾아내도록 도와주는 안내자 역할을 할 수 있는 사람을 찾아야 한다. 당신이 이 도전을 그만두고 싶을 때 당신을 격려하고 당신이 이 도전을 완수하도록 응원하는 지지자가 필요하다.

나는 자신이 사랑하는 사람을 위해 작지만 위대한 일을 한 남자를 알고 있다. 이 이야기는 내가 도로 옆에 서 있는 어떤 표지판을 본 날로부터 시작된다.

나는 사우스캐롤라이나주의 콘웨이 바로 외곽에 있는 와카모 강 위를 지나는 포장도로를 건너다 그 표지판을 발견했다. 지저분한 마분지로 만들어진 그 표지판은 공구가게에서 페인트를 섞는 데 사용되는 막대기 위에 붙어 있었다. 주변에 온통 쓰레기 더미와 개미굴이 있는 땅에 세워진 그 표지판에는 "행복하면 경적을 울리세요"라고 쓰여 있었다.

나는 그 표지판 주인의 순진함에 고개를 가로젓고는 운전을 계속했다. 당연히 경적도 누르지 않았다. 나는 혼잣말로

"이게 다 뭐람!"이라고 중얼거리며 그 길을 지나쳤다. "행복은 무슨! 도대체 행복이 뭔데?" 나는 쾌락은 알고 있었지만 행복이 무엇인지 정확히 정의하기 어렵다고 생각해왔다. 게다가 나는 커다란 쾌락과 만족을 느끼는 순간에도 나쁜 일이 생겨서 그 일이 나를 암울한 현실로 데려가지 않을까 걱정하곤 했다. 당시까지도 나는 행복이란 일종의 사기라고 생각했다. 인생은 고통스럽고, 힘들고, 일이 잘 풀리더라도 곧장 행복한 환상에서 깨어나게 만드는 일이 생길 거라고 믿었다. 나는 '아마 죽고 나서야 행복할 거야'라고 줄곧 생각했다. 사실 그조차도 확실치는 않지만.

그로부터 몇 주 후 어느 일요일에 나는 아내와 당시 4살이던 딸 리아를 데리고 친구를 만나러 서프사이드 해변으로 이어지는 544번 고속도로를 달리고 있었다. 우리는 함께 동요를 부르며 즐거운 시간을 보내고 있었다. 와카모 강을 건너는 포장도로에 가까이 왔을 때 나는 다시 그 표지판을 보았고, 순간 나는 아무 생각 없이 경적을 울렸다.

아내가 물었다. "갑자기 왜 그래요? 길에 뭐가 있었나요?" 나는 "아니. 길가에 '행복하면 경적을 울리세요'란 표지가 있어서 경적을 울렸어"라고 대답했다. 그 말을 들은 리아는 깔깔거리며 웃었다.

그 표지판은 리아에게는 정말 타당한 말이었다. 아이들은 시간 개념, 납세 의무, 실망, 배반, 또는 어른들이 가진 다른 구속이나 상처가 없다. 리아에게 삶은 순간 속에 있는 것이고, 그 순간은 행복을 의미했다. 다음 순간이 되면, 그 순간도 행복이 된다. 경적을 울리고 그 행복한 순간을 맞이한다.

그날 늦게 집으로 돌아오면서 그 표지판을 지나칠 때 갑자기 리아가 소리쳤다. "경적을 울려요, 아빠, 경적을 울려요!" 그때까지도 나는 그날 친구, 가족들과 보낸 즐거운 시간은 잊어버리고 다음날 나를 기다리고 있는 많은 일들을 생각하면서 피곤함과 짜증, 심지어는 두려움마저 느끼고 있었다. 나는 전혀 행복한 기분이 아니었지만, 딸아이를 즐겁게 해주려고 경적을 눌렀다.

다음에 나에게 일어난 일을 결코 잊을 수 없다. 내 마음 깊숙한 곳에서 잠시나마 행복감이 느껴졌다. 마치 경적이 나를 행복하게 해준 것처럼. 그것은 아마도 일종의 파블로프 반응(Pavlovian response) 같은 것일지도 모른다. 경적소리가 내가 지난번에 가졌던 행복한 느낌을 불러일으킨 것일지도 모른다. 그날 이후, 리아는 그곳을 지날 때면 언제나 내게 경적을 울리라고 일러주었다. 나는 경적을 울릴 때마다 나의 정서적 온도가 올라간다는 것을 깨달았다. 1부터 10까지의 눈금으로 쟀을 때 내 정서적 온도가 2도였다면, 경적을 울렸을 때는 그보다 몇 도쯤 올라가는 느낌이었다. 나는 우리가 그 표지판을 지날 때 경적을 울리면 항상 같은 일이 생긴다는 것을 알게 되었다. 나는 차 안에 혼자 있을 때도 그 표지판을 지나면 경적을 울리기 시작했다.

어느 날 아내는 터지는 웃음을 참으며 집으로 들어왔다. 나는 그 일이 딸아이와 관련된 일이라는 것을 눈치채고, 아이가 자기 방에 들어가 놀 때까지 기다렸다가 아내에게 무슨 재미있는 일이라도 있었냐고 물어보았다. 아내는 웃음을 멈추더니 숨을 고르면서 말하기 시작했다. "오늘 오후, 운전 중에 리아와 얘기를 하면서 차선을 바꾸려다 실수로 다른 차의 진행을 방해했어요. 그 차가 사각지대에 있었기 때문에 못 봤던 거죠. 하마터면 그 차와 부딪힐 뻔했어요."

그리고는 아내는 다시 웃음을 터뜨렸다. 나는 그 이야기가 뭐가 그리 재미있나 싶었다. 아내는 이야기를 계속했다. "잔뜩 화가 난 그 운전자는 우리 차 옆으로 따라와서는 가운데 손가락을 치켜들고 경적을 울렸어요."

우리 모두는 운전 중에 실수를 하기도 한다. 하지만 운전 중 실수는 위험한 일이고, 나는 내 아내와 딸의 안전뿐만 아니라 다른 운전자의 안전도 늘 생각하고 있었다. 나는 그 일이 웃을 일이 아니라고 생각했고, 아내가 잠시 정신이 나간 게 아닐까 싶었다. 나는 "그게 뭐가 그렇게 재미있어?"라고 물었다. 아내는 내 걱정을 알아차리고는 웃음을 멈춘 다음 이야기를 계속했다. "그 사람이 경적을 누르자, 리아가 그 사람을 가리키며, '엄마, 저 사람은 행복해!'라고 말하는 거 있죠."

아내가 무슨 말을 했는지 이해하는 데 약 1초 정도 걸렸다. 나 또한 웃음을 터뜨렸다. 아이는 얼마나 아름다운 시각을 갖고 있는가. 그 표지판의 경험으로 인해 내 딸아이에게 경적은 오직 하나만을 의미하는 것이었다. 바로 경적을 울리는 사람은 행복하다는 것이다.

그 표지판을 보고 경적을 울렸을 때 내가 가졌던 긍정적 느낌은 확대되기 시작했다. 나는 그 표지판이 있는 지점에 가까워지면 표지판이 나타나기를 기대하면서, 그 지점에 도달하기 전에도 행복감에 취하는 나 자신을 발견했다. 그리고 머지않아 내가 544번 고속도로로 접어들면 나의 정서적 지수도 상승한다는 것을 알게 되었다. 어느샌가 그 20킬로미터 구간 전체가 내게는 정서적 활력을 회복시켜주는 장소가 되기 시작했다.

그 표지판은 포장도로와 인근 주택을 분리하고 있는 근처 갓길에 세워져 있었다. 시간이 흐르면서 나는 누가 왜 그 표지판을 세웠을까 궁금해졌다.

그 당시 나는 이집 저집 방문하면서 보험을 파는 일을 하고 있었다. 그날 나는 544번 고속도로에서 북쪽으로 2킬로미터 정도 떨어진 곳에 있는 집을 방문하기로 약속이 되어 있었다. 내가 그 집에 도착하자, 그 집 주부는 남편이 약속을 깜박 잊고 외출했다면서 다음번에 다시 방문해달라고 말했다. 나는 잠시 실망했으나, 차를 타고 나오다 내가 그 고속도로에 접한 숲의 뒤편에 있다는 것을 알게 되었다. 그 도로를 지나면서 나는 그 표지판까지의 거리를 계산해보았다. 그리고 그 표지판에 가까이 갔을 때 그 지점에서 가장 가까운 집 앞에 차를 세웠다.

그 집은 회색의 조립식 주택으로 외장은 짙은 붉은색으로 마감되어 있었다. 나는 현관으로 이어지는 계피색의 계단을 오르면서, 집이 단순하지만 매우 잘 가꿔져 있다고 생각했다. 나는 누군가 현관으로 나오면 무슨 말을 할지 생각해보았다. "'안녕하세요. 이 숲 너머 고속도로에 있는 마분지 표지판을 보고 궁금해서 그러는데요, 혹시 그 표지판에 대해 아는 게 있으신지요?'라고 말해야지"라고 생각했다가, 다시 "혹시 '행복하면 경적을 울리세요'라는 표지판과 관계 있는 분이신가요?라고 말할까?"라고 생각해보기도 했다. 어색한 말이라는 생각이 들었지만, 당시 나는 내 생각과 삶에 상당한 충격을 준 그 표지판에 대해 좀 더 알고 싶었다. 하지만 내가 준비해둔 말을 할 기회는 전혀 없었다.

"들어오시죠!" 나를 맞이한 그 남자는 따뜻하고 환한 미소를 지으며 말했다. 그러자 정말 어색한 기분이 들었다. 그리고 '이 사람은 누군가 다른 사람을 기다리고 있는데, 그게 나라고 생각하는구나'라는 생각이 들었다. 그럼에도 나는 집 안으로 들어가 그와 악수를 했다. 나는 그에게 그 집 가까이에 있는 고속도로를 지나다니며, 그 도로에서 '행복하면 경적을 울리세요'라는 표지판을 보아온 지가 1년이 넘었다고 말했다. 그리고 내가 보기에 그 집은 표지판에서 가장 가까운 곳에 있으니까, 그 표지판에 대해 아는 게 있지 않을까 싶어서 들른 거라고 말했다. 그의 미소는 더욱 환해졌고, 그는 자기가 그 표지판을 세운 지 1년이 넘었으며 자기 집에 들러 그 표지판에 대해 물어본 사람은 내가 처음이 아니라고 얘기해주었다.

그 사이에도 가까이에서 경적소리가 몇 번 들려왔다. 그 소리를 듣고서 그가 말을 이었다. "저는 고등학교 야구 코치입니다. 아내와 저는 이곳 해변에서 사는 것을 좋아했고 이곳 사람들도 좋아했지요. 그렇게 저희 부부는 이곳에서 몇 해 동안 행복하게 살았지요." 그의 투명하고 푸른 눈이 나를 꿰뚫어보는 것 같았다. "얼마 전 아내는 병이 들었습니다. 의사들은 자신들이 할 수 있는 것이 아무것도 없다고 하더군요. 그들은 아내에게 임종을 맞을 준비를 하라며, 남은 수명이 4개월 정도, 길어야 6개월이라고 말했습니다."

잠시 불편한 침묵이 흘렀다. 그러나 그는 전혀 불편하지 않은 듯 말했다. "처음에 저희는 충격에 휩싸였습니다. 그리고는 분노가 치밀어올랐죠. 그래서 저희는 서로 껴안고 한참을 울었습니다. 결국 우리는 아내의 죽음이 가까웠다는 것을 받아들이게 되었습니다. 아내는 죽음을 맞을 준비를 했습니다. 저희는 병원 침대를 집으로 옮겼고 아내는 어둠 속에 누워 지내야만 했습니다. 저희는 둘 다 비참한 심정이었지요."

그는 이야기를 계속했다. "어느 날 저는 집 계단에 앉아 있었고, 아내는 잠을 청하고 있었습니다. 하지만 아내는 고통으로 쉽게 잠을 이루지 못했습니다. 저는 절망에 빠져들었고 제 마음도 아팠습니다. 그런데 그때 그 포장도로를 지나 해변으로 가는 자동차 소리가 들려왔습니다." 그는 잠시 눈길을 다른 곳으로 돌렸다. 그리고는 마치 자신이 다른 이에게 이야기를 하고 있다는 것을 처음 깨달은 것처럼 고개를 절레절레 흔들고는 이야기를 이어갔다. "사우스캐롤라이나 해안의 그랜드 스트랜드가 미국에서 가장 유명한 관광지라는 것을 알고 계신가요?"

나는 대답했다. "음… 네. 잘 알고 있지요. 1년에 1천 300만 명 이상의 관광객이 방문하는 유명한 곳이니까요."

그가 말했다. "맞습니다. 선생님은 휴가를 갈 때보다 더 행복한 적이 있나요? 계획을 짜고, 돈을 모으고, 그리고 가족과 함께 떠나 즐거운 시간을 보내는 겁니다. 그건 정말 멋진 일이지요." 지나가는 차가 울리는 긴 경적소리가 그가 말하고 자 하는 요점을 잘 말해주는 듯했다.

그 남자는 잠시 생각하더니 말을 계속했다. "그때 저는 여기 계단 위에 앉아 있다가 불현듯 제 아내는 죽어가고 있지만 행복은 그녀와 함께 사라지지 않는다는 생각이 들었습니다. 사실 행복은 우리 주위 어디에나 있습니다. 매일 우리 집에서 몇 백 미터 떨어진 곳을 지나가는 수백만 대의 차 안에도 행복이 있습니다. 그래서 저는 그 표지판을 세웠습니다. 저는 거기에 아무런 기대도 걸지 않았습니다. 그저 사람들이 차 안에서 그 순간을 당연한 것으로 여기지 않기만을 바랐습니다. 저는 사람들이 자신이 가장 아끼는 사람들과 함께하는 특별하고 다시는 돌아오지 않는 순간을 즐겨야 하고, 그 순간의 행복을 인식해야 한다고 생각했습니다."

서로 다른 경적소리가 연이어 빠르게 들려왔다. 그는 말했다. "제 아내는 경적소리를 듣기 시작했습니다. 처음에 여기 저기서 경적소리가 울리는 것을 듣고는 아내는 제게 그 소리에 대해 물어보았고 저는 그 표지판에 대해 이야기해 주었습니다. 시간이 지나자, 경적소리는 더 자주 들리기 시작했고, 그 소리는 아내에게는 약과 같은 것이 되었습니다. 아내는 누워서 경적소리를 들었고 자신이 어두운 방 안에 격리된 채로 죽어가는 것이 아니라는 사실을 깨닫고 그 사실에 위안을 얻었습니다. 아내는 행복의 일부가 된 것입니다. 행복은 글자 그대로 아내의 주위 어디에나 있었습니다."

나는 그가 들려준 이야기에 심취해서 잠시 말을 잊고 앉아 있었다. 얼마나 감동적이고 가슴 뭉클한 이야기인가.

그가 물었다. "아내를 만나보시겠습니까?"

나는 약간 놀라서 "네"라고 대답했다. 그의 아내에 대해 오랫동안 이야기를 나눈지라, 내게 그의 아내는 실제 인물이라기보다는 멋진 이야기의 등장인물로 생각되고 있었던 것이다. 거실을 가로질러 그 부부의 침실로 가면서, 나는 병들어 죽어가는 여자를 보더라도 놀란 모습을 보이지 않으려고 마음의 준비를 단단히 하고 있었다. 그러나 막상 그 방에 들어섰을 때 내가 본 사람은 환하게 미소 짓고 있는 여자였다. 그의 아내는 죽음의 문턱에 다다른 사람이기보다는 병든 체하는 사람처럼 보였다.

밖에서 또 다른 경적소리가 들리자 그녀는 말했다. "아마 이 소리는 해리스가 울리는 소리일 거예요. 그들이 울리는 경적을 다시 들으니 기분이 좋아요. 한동안 저 가족의 경적소리를 기다려왔는데."

나와 인사를 나눈 뒤, 그녀는 내게 자신의 삶이 이전과 마찬가지로 풍요롭다고 말해주었다. 그녀는 밤낮에 걸쳐, 하루에도 수백 번의 경적소리를 들었다고 했다. 새소리, 트럼펫

소리, 폭발음 소리, 우렛소리 등의 경적소리는 그녀가 살고 있는 세상에 행복이 존재한다는 것을 그녀에게 말해주고 있다고 했다.

그녀는 말했다. "그들은 제가 여기 누워 그 소리를 듣고 있다는 것을 모르죠. 하지만 저는 그들을 압니다. 저는 그들이 울리는 경적소리로 그들을 알 수 있는 경지에 도달했거든요." 그녀는 얼굴을 붉히며 이야기를 계속했다. "저는 그들에 관한 이야기를 만들어냈어요. 저는 그들이 해변에서 여가를 보내거나 골프를 치는 모습을 상상해봅니다. 비오는 날이면, 그들이 수족관에 있거나 쇼핑하는 것을 상상해보지요. 또 밤에는 그들이 놀이공원을 찾거나 별빛 아래서 춤추는 것을 상상해보곤 하지요." 그녀의 목소리가 잦아들면서 이내 잠에 빠져들며 말했다. "얼마나 행복한 삶인가요…… 얼마나 행복한……."

그 남자는 내게 미소를 지었다. 우리는 함께 일어나 침실 밖으로 나왔다. 그는 말없이 나를 문 밖까지 배웅해주었다. 하지만 나는 막 출발하려다 한 가지 의문이 떠올라 그에게 이렇게 물었다. "의사들이 길어야 6개월을 넘기지 못할 거라고 말했다고 하셨죠?"

그는 내가 그 다음에 어떤 질문을 할지 잘 안다는 듯 미소를 띠며 대답했다. "맞습니다."

"하지만 부인께서는 그 표지판을 세우시기 수개월 전부터 몸져누웠다고 말씀하셨죠."

"네" 하고 그가 말했다.

나는 마지막으로 이렇게 말했다. "저는 이 길로 차를 몰고 지나가며 1년 이상 그 표지판을 보아왔는데요."

그는 "정확히 그렇습니다"라고 말하더니 이렇게 덧붙였다. "조만간 저희 집에 다시 한 번 들러주십시오."

그 표지판은 그 후로도 한참 동안 그곳에 서 있었다. 하지만 어느 날 갑자기 그 표지판이 보이지 않았다. 나는 운전하고 가면서 그 표지판이 보이지 않자 '그 부인이 죽었음에 틀림없어'라고 생각했다. 그러자 갑자기 울컥하는 기분이 들어 나 자신에게 이렇게 말했다. '어쨌든 그 부인은 마지막에도 행복했겠지. 그 부인은 역경을 극복한 거야. 의사들도 놀라지 않았을까?'

며칠 뒤, 나는 해변으로 향하는 544번 도로를 지나가다 그 다리가 가까워지자 처음으로 행복이 아닌 슬픔의 감정을 느꼈다. 나는 그 손으로 만든 조그만 표지판이 바람이나 비 때문에 망가진 게 아닐까 싶어 다시 한 번 살펴보았다. 그러나 그 표지판은 정말 없었다. 나는 내면에 어둠이 밀려오는 것을 느꼈다.

하지만 그 도로상에서 정확하게 그 표지판이 있던 지점에 이르렀을 때, 나는 새로운 것을 발견했다. 그 조그만 마분지와 페인트 막대로 만들어진 표지판이 서 있던 자리에 새로운 표지판이 세워져 있었다. 바로 밝은 노란색 배경에, 번쩍이는 불빛으로 테두리를 한 너비 2미터, 높이 1미터 정도 되는 새 표지판이었다. 그 새 표지판의 양쪽에는 크고 빛나는 글자가 새겨져 있었다. 바로 그 예전의 "행복하면, 경적을 울리세요"라는 문구였다. 그 문구를 보자마자 눈물이 흘렀다. 눈물이 그렁그렁한 채 나는 그 남자와 그의 아내에게 내가 지나가고 있다는 것을 알려주기 위해 경적에 몸을 기댔다. 나는 그녀가 미소를 지으며 "저기 윌이 가네요"라고 말하는 것을 상상할 수 있었다.

그 멋진 부부는 그녀가 처한 현실, 의료 전문가들이 확인한 현실에 정신을 빼앗기기보다는 서로의 도움으로 자신 주변의 훌륭한 것들에 정신을 집중했다. 그렇게 함으로써 그녀는 역경을 극복했고, 삶을 포용했으며, 수백만 명의 사람들을 감동시켰다.

불평하기를 그만두어 자신의 삶을 바꾸기를 원하는 이에게 당신도 이러한 도움을 주는 사람이 될 수 있다. 당신이 응원해줄 수 있고, 도움을 줄 수 있는 사람, 그리고 당신에게도 마찬가지로 도움을 줄 수 있는 사람을 찾아야 한다. 그러면 당신은 그들과 함께 이 도전에 성공할 수 있을 것이다.

의사들은 하나같이 뺑이 회복될 수 없을 거라고 했지만, 뺑은 어느 정도 회복되었고 자신이 장애인이 되었다
는 사실을 이제는 평화로운 마음으로 받아들이고 있습니다. 뺑의 그런 모습은 우리 가족에게는 큰 가르침이
되고 있습니다. 신의 은총이 뺑의 마음속에 깃들어 자라고 있다는 것을 느낄 수 있습니다. 뺑은 현재 약간의
실어증 증세를 보이고 있고, 신체의 오른쪽 거동이 마비되었으며, 잘 걸을 수 없지만 신경 한마디 없이 이보
든 곤경을 극복하기 위해 꾸준히 노력하고 있습니다.

Chapter 4

의식하지 않아도
불평하지 않는 단계

A Complaint
F r e e
W o r l d

7
손목 위의 위대한 기적

모든 일을 원망과 시비 없이 하라
빌립보서 2장 14절

지구상에는 맹어(盲魚)로 알려진 어류가 몇 종 있다. 그 대부분은 미국 미시시피 삼각주의 석회암 지역에 살고 있는데 이 맹어류는 약 10센티미터까지 자란다고 한다. 그런데 이들 물고기는 색소가 거의 없거나 전혀 없어 피부가 투명에 가까울 정도로 창백할 뿐만 아니라 대부분 눈도 퇴화했다. 과학자들은 아주 오래전에 이들 물고기가 대륙의 단층이나 수로로 흘러들어와 동굴에 갇히게 된 것으로 추정하고 있다. 완전히 암흑에 쌓여서 앞을 볼 수도 없게 된 이 물고기들은 자신들의 환경에 적응하여 이제 깜깜한 암흑 속에서 번성하고 있다.

수세대에 걸쳐 암흑 속에서 새끼를 낳고 살면서 햇볕으로

4년 전, 당시 23살의 경찰관이던 저희의 맏아들 벤은 운전 중 뇌출혈로 쓰러졌습니다. 자세한 이야기는 할 수 없지만 어쨌든 사고 이후 저희 가족은 길고 어려운 과정을 겪어야 했습니다. 하지만 저희는 신에 대한 절대적 믿음과 무조건적인 사랑으로 그 과정을 이겨냈습니다.

의사들은 하나같이 벤이 회복될 수 없을 거라고 했지만, 벤은 어느 정도 회복되었고 자신이 장애인이 되었다는 사실을 이제는 평화로운 마음으로 받아들이고 있습니다. 벤의 그런 모습은 우리 가족에게는 큰 가르침이 되고 있습니다. 신의 은총이 벤의 마음속에 깃들어 자라고 있다는 것을 느낄 수 있습니다.

벤은 현재 약간의 실어증 증세를 보이고 있고, 신체의 오른쪽 기능이 마비되었으며, 잘 걸을 수 없지만, 불평 한 마디 없이 이 모든 증세를 극복하기 위해 꾸준히 노력하고 있습니다. 벤이 불평하지 않고 자기 몫의 십자가를 받아들일 수 있다면, 분명 저희 모두도 그렇게 할 수 있을 것입니다. 벤의 회복을 도와주고 계신 모든 분들이 불평 없는 세상을 위한 보라색 고무밴드를 받을 수 있었으면 하는 바람입니다.

목사님께 진심으로 감사드리며 목사님께서 하고 계신 이 일이 계속해서 잘되기를 빕니다. 목사님과 목사님 교회의 신도들은 정말 위대한 일을 해내신 겁니다!

코네티컷주, 스토닝턴에서
노린 케플

부터 그들의 피부를 보호하던 색소도 더 이상 필요 없게 되었고, 마찬가지로 암흑 속에서 무언가를 볼 필요도, 볼 수도 없었기 때문에 눈 없이도 생활이 가능하게 되었다. 빛이 없는 곳에서 살면서 볼 수 있는 능력도 사라졌지만 그들의 몸은 환경에 적응하여 색소는 사라지고 눈도 퇴화된 것이다.

당신이 불평하지 않는 사람이 되기 위해 여러 달을 보낸 후 당신은 당신이 변했다는 것을 깨닫게 될 것이다. 더 이상 필요 없는 것들이 퇴화되어 버린 맹어류처럼 당신이 함께 끼고 살았던 불행한 생각들이 당신 마음속에서 사라져버렸다는 것을 깨닫게 될 것이다. 당신이 불평의 말을 하지 않기 때문에 그런 말이 빠져나올 배출구조차 사라지고 당신 마음속의 불평 공장도 문을 닫아버린 것이다. 당신의 말을 바꿈으로써 당신은 자신의 사고방식까지도 바꿔버린 것이다. 이쯤 되면 당신은 이제 의식하지 않아도 불평하지 않는 단계에 이르게 된 것이다. 결과적으로 당신은 이전과는 다른 사람, 보다 행복한 사람이 된 것이다.

불평 없는 세상 프로그램을 시작했을 때, 우리는 21일간 연속으로 불평하지 않고 지내기에 성공한 이들에게 '행복 인증서'를 수여하기로 결정했다. '불평 없는 세상' 인증서를 주는 대신 '행복 인증서'를 선택한 것이다. 우리는 불평을 없애는 것이 한 사람의 의식에 엄청난 영향을 미치리라는 것을 알고 있었다. 불평하지 않는다는 것은 그저 행동을 바꾸는 것이 아니라 우리의 마음과 인생을 바꾸는 것이다. 당신이 21일 동안 연속으로 불평하지 않고 지내기에 성공하면 우리의 웹사이트를 방문하면 된다. 그러면 우리는 기꺼이 당신의 변화를 축하하는 인증서를 보내줄 것이다.

의식하지 않아도 불평하지 않는 단계, 즉 불평하지 않고 보낸 21일 이후의 단계에서 당신은 더 이상 아플 곳을 찾는 사람이 아닐 것이다. 오히려 이제 당신의 생각은 당신이 원하는 것에 집중하여 당신이 전보다 행복하다는 것뿐만 아니라 당신 주변 사람들도 전보다 행복해 보인다는 것을 깨닫게 될 것이다. 당신 주변에 낙천적인 사람들이 몰려들 뿐만 아니라 당신의 긍정적인 성격인 당신 주변 사람들에게 생기를 불어넣어 그들을 정신적으로나 감정적으로나 한층 고양된 상태로 이끌게 될 것이다. 마하트마 간디의 말을 다시 인용하자면, 당신이 세상에서 보고 싶어하는 변화, 당신이 바로 그 변화의 주인공이 된 것이다. 뭔가가 잘될 때는 당신의 즉각적 반응은 "당연하지"이다. 하지만 뭔가 어려운 일이 닥쳤을 때 당신은 다른 사람들에게 그 일에 대해 이야기함으로써 그 일을 해결할 어떤 에너지를 얻거나 하지 않는다. 당신은 오히려 그 일에 숨겨져 있는 축복을 보기 시작한다. 당신은 구함으로써 얻게 되는 것이다.

당신은 또한 당신 주변의 누군가가 불평하기 시작할 때면 당신 마음이 얼마나 불편해지는지를 깨닫게 될 것이다. 그것은 마치 아주 불쾌한 냄새가 갑자기 방 안으로 흘러들어 오는 것과도 같다. 당신 자신이 불평하지 않고 지내려고 오랫동안 자제하며 지낸 후 누군가가 불평하는 소리를 듣게 되었을 때 그것은 마치 성스러운 고요의 순간에 귀에 거슬리는 심벌즈 소리가 터져나오는 것과 같이 느껴질 것이다. 그들의 투정이 듣기 거북하더라도 당신은 그것을 지적해야 한다는 느낌이 들지는 않을 것이다. 오히려 당신은 그 상황을 그저 지켜보기만 할 것이며, 당신이 비판하지도 불평하지도 않기 때문에 불평한 사람은 자신의 행동을 정당화할 필요를 느끼지 못할 것이며 곧 그 행동을 멈추게 될 것이다.

당신은 아주 사소한 것에도 감사의 마음을 느끼기 시작할 것이다. 당신이 예전에는 당연하게 여겼던 것들에 대해서조차도 말이다. 나 자신의 경우 나는 이런 생각을 했던 것이 기억난다. "내가 지난번에 머리를 빗을 때 그것이 내가 머리를 빗을 수 있는 마지막 순간인 줄 알았더라면 그 순간을 좀 더 천천히 즐겼을 텐데(당신이 이 말을 이해하지 못했다면 책날개에 있는 내 사진을 보길 바란다)."

당신이 '의식하지 않아도 불평하지 않는 단계'에 접어들었을 때 당신 사고에 있는 기본 생각은 '감사'가 될 것이다. 당신은 당신 자신을 위해 당신이 바라는 것들을 여전히 마음속에 간직하고 있을 것이다. 그것은 바람직한 일이다. 이제 당신이 새로 찾은 긍정의 에너지를 가지고 당신은 마음속에서 바라고 있는 것들의 이미지를 떠올릴 수 있다. 그러한 것들이 지금도 당신을 향해 다가오고 있다는 것을 알고 있기 때문이다.

당신의 경제적 상황 또한 좋아질 수 있다. 돈은 그 자체로는 아무 가치가 없다. 돈은 가치를 나타내는 종잇조각이나 동전에 불과하다. 당신이 당신 자신과 당신을 둘러싼 세계의 가치를 깨닫기 시작하면서 당신은 당신 자신에게 더 많은 경제적 이익을 가져다주는 전파를 당신 주위에 형성하게 된다. 사람들은 당신이 예전에 대가를 지불하고 얻어내야 했던 것들을 당신에게 베풀거나 거저 주고 싶어한다. 나는 수많은 전문 서비스를 무료로 받는 사람들을 알고 있다. 단지 그에게 그 같은 서비스를 제공하는 사람들이 그를 좋아하고 그를 지원하고 싶어하기 때문에 그는 서비스를 받을 수 있는 것이다. 당신에게도 같은 일이 일어날 수 있다. 그 비결은 아주 작은 것에도 주의를 기울이고 감사하는 것이다. 누군가가 당신을 위해 문을 잡아줄 때, 또는 당신의 짐을 들어주겠다고 할 때, 그것을 전 우주의 충만한 축복으로 받아들여라. 그러면 당신은 그와 같은 축복을 더 많이 받게 될 것이다.

긍정적이고 행복한 사람들은 그저 같이 어울리기만 해도 즐겁다. 이제 당신이 그런 사람이 되었다. 당신의 재정적 상황이 좋아질 수 있는 또 다른 방법은 월급인상이나 고용안정이다.

우리는 직장에서 우리가 어떤 일을 하거나 무엇을 만드는 능력에 대한 보수를 받는다. 대개 직장에서 우리가 얼마나 능력 있는 사람인가는 우리가 얼마나 많이 버느냐와 직접적인 상관관계가 있다. 하지만 사무실에 기쁨을 가져다주는 태양과 같은 존재는 천금의 가치가 있는 사람이다. 내가 아는 사람 중에 시애틀에서 일하고 있는 '마르타'라는 이름의 안내원이 있다. 마르타는 이제까지 내가 본 사람들 중에 가장 환하게, 활짝, 진심으로 미소 짓는 사람이다. 마르타는 항상 다른 사람을 칭찬하고 진정으로 행복하며 누군가를 위해 무엇이든 기꺼이 할 마음가짐이 되어 있는 사람이다. 마르타가 사무실에 있으면 주변 사람들이 모두 마르타 때문에 한층 더 기분이 좋아지고 일도 잘된다는 것을 느낄 수 있다.

얼마 전에 나는 친구들을 만나러 그곳에 들렀다. 그런데 뭔가 달라진 듯했다. 그것은 마치 누군가가 벽을 어두운 색으로 칠해버려서 조명마저도 아무 소용없는 것 같은 분위기였다. 내가 안내 데스크 앞에 서 있을 때 받은 느낌은 꼭 그랬다. 그리고 이내 나는 마르타가 안 보인다는 사실을 깨달았다. "마르타는 어디 있죠?" 나는 물었다. "마르타는 다른 곳으로 옮겼답니다." 누군가가 말했다. "여기보다 봉급을 두 배로 많이 주는 곳으로요." 그 대답을 한 직원은 잠시 주위를 둘러본 후 이렇게 덧붙였다. "말하자면 다른 회사에서 그녀를 스카우트한 거죠."

마르타의 명랑하고 쾌활한 성격이 그 회사에 있는 모든 이에게까지 전달되는 것 같았는데 이제 그녀가 가고 없으니 그 회사 전체의 행복지수와 생산성도 내려간 듯했다. 그곳의 직원들은 마르타가 전화 응대를 하지 않으니 고객들의 불만 건수도 늘어났고 불만의 정도도 높아졌다고 말했다.

당신 내적 사고의 외적 표현인 태도가 당신이 다른 사람들과 맺는 관계를, 심지어 동물들과의 관계까지도 결정한다. 내가 이 글을 쓰는 동안, 우리 집 개 두 마리가 택배 트럭이 우리 동네로 들어오는 것을 보고 열심히 짖어댄다. 깁슨과 매직은 자신들의 영역을 지키기 위해서 짖는 것도 아니고 그 택배기사가 우리 집에 차를 대는 것을 막기 위해 그러는 것도 아니다. 오히려 그 두 녀석은 운전사가 자신들을 보러 들러주었으면 하고 바라는 마음에서 그렇게 짖어대는 것이다. 개를 무서워해 상종하고 싶어하지 않는 다른 택배기사들과는 달리 그 택배기사는 지나가는 길에 만나는 모든 개들의 이름을 알아두기로 작정한 듯 개들의 이름을 물어보곤 했고, 심지어 개들에게 줄 간식거리까지 챙겨갖고 다녔다. 실없이 들릴지 모르지만 우리 개들은 그 택배기사를 무척 좋아했고, 우리는 우리 개들을 좋아했고, 따라서 우리는 그 택배기사를 좋아하게 되었다. 행복하고 도움이 되는 사람이 되려는 그 운전사의 단순한 의도가 택배회사 광고를 몇 천 번 보는 것보다 우리에게 더 잘 먹힌 것이다. 그 택배기사 덕분에 우리는 그 회사에 한층 더 호감을 갖게 되었으니까 말이다.

그가 만약 경영진에 오르고 싶어한다면 그 택배기사는 그 회사를 이끄는 주역이 될 것임을 나는 알 수 있었다. 우리 모두는 매일 매일을 놀라운 날로 만드는 사람들과 함께 있고 싶어한다. 그런 사람들은 결국 승진할 가능성도 높다.

불평 없이 사는 사람이 됨으로써 주어지는 가장 큰 선물 가운데 하나는 당신이 현재에나 미래에나 당신 가족에게 좋은 영향을 미치게 된다는 것이다. 좋은 일이든 나쁜 일이든 우리는 우리 주변의 사람들을 본받는 경향이 있다. 앞에서 말했듯이, 우리는 다른 사람들의 에너지, 특히 부모님처럼 우리가 그 권위를 인정하는 이들의 에너지에 동조하게 된다.

나는 우리 아버지가 부엌에 계시던 모습을 기억한다. 요리를 하실 때마다 아버지는 수건을 왼쪽 어깨에 걸치고는 그것을 '왼쪽 어깨 요리 수건'이라고 불렀다. 그 수건은 아버지가 스토브에서 뭔가 뜨거운 것을 꺼낼 때나 손에 묻은 것을 닦아

낼 때 요긴하게 쓰였다. 이제 내가 어른이 되어 부엌에서 요리를 할 때마다, 나도 아버지처럼 항상 왼쪽 어깨 요리 수건을 어깨에 걸치고 요리를 하는 버릇이 생겼다. 나는 그 수건을 절대 내 오른쪽 어깨에 걸치는 법이 없다. 그 수건은 우리 아버지가 예전에 하시던 그대로 항상 내 왼쪽 어깨에 걸쳐져 있다. 아마도 우리 아버지는 우리 할아버지가 그렇게 하시는 것을 보고 따라하신 것일지도 모른다. 누가 알겠는가? 내가 아는 것이라고는 나는 그런 습관을 우리 아버지로부터 물려받았다는 것뿐이다. 아버지는 그 같은 특이한 습관을 나한테 심어줄 의도는 전혀 없으셨을 것이다. 하지만 아버지의 행동이 그러한 결과를 낳은 것이다. 그리고 나는 내가 의도하던 의도하지 않던 간에, 이런 습관들을 내 딸 리아에게 물려주고 있는 것이다.

우리 가족이 불평 없이 사는 생활방식을 택하기 전에 나는 리아에게 가족이 함께 모여 식사를 하는 시간이 투정하고 불평을 늘어놓는 시간이라고 은연중에 가르치고 있었다는 사실을 깨닫게 되었다. 나는 딸에게 사람들이 어떻게 살아가는가를 보여주는 본보기가 되고 있었던 것이다. 나는 이제 우리 가족이 함께하는 저녁 식탁이 서로가 받은 은총과 앞날에 대한 희망을 이야기하는 자리가 된 것에 대해 정말 다행스럽게 생각한다. 이것이 바로 내가 딸에게 물려주고 싶은 것이다. 그러면 딸아이는 자신의 자녀들에게 본보기가 될 것이고 그 애들은 또 그 자녀들에게 같은 본보기를 보여주게 될 것이다. 나는 가족들이 함께하는 시간을 뜻대로 되지 않은 일들을 털어놓는 불만의 시간이 아닌, 즐겁고 행복한 시간이 되게 하자고 마음먹었고 그대로 실천하고 있다. 나는 우리 가족이 매일 그날 저녁 식탁에서 대화의 소재로 꺼낼 부정적인 것들을 찾아보지 않게 되었고 그 결과 그런 것들을 발견하지도 않게 되었다. 확신컨대, 덕분에 우리 가족은 훨씬 더 행복한 삶을 살 수 있게 되었다.

　불평하지 않는 사람이 되면, 당신은 원하는 것들을 적은 노력만으로도 얻어낼 수 있다. 불평 목록을 작성해서 가지고 다니는 우리 교회의 한 여신도 얘기를 기억하는가? 나는 그 여신도의 불평 목록을 읽으면서 내가 무슨 일을 하든지 그녀는 더 많은 것들에 흠을 잡고 불평할 거라는 걸 깨달았다. 나는 그 여신도가 내게 요구하는 것들에 대해 나도 모르게 강한 심리적 거부감을 갖게 되었고 그 여신도에 대해서도 불쾌한 감정이 들기 시작했다. 왜냐하면 우리가 어떤 일을 해도 그 여신도를 만족시킬 수 없을 것 같았기 때문이다. 설사 좋은 아이디어라 할지라도 보류되었다. 그것을 실행에 옮긴다 해도 더 많은 불평과 비판을 듣게 될 뿐이라는 생각이 들었기 때문이다. 나는 그 여신도의 의견을 묵살하고 그녀가 우리 교회의 문제점으로 보는 것들에 대해서도 전혀 언급하지 않았다. 그러자 그 여신도는 더 이상 내게 불평 목록을 들고 찾아오지 않았다. 재미있는 것은 그녀가 그 일을 중단한 후 우리는 그녀가 제안한 거의 모든 것들을 서서히 받아들이기 시작했다는 것이다. 그녀가 그것들에 대해 불평했기 때문이 아니라 우리가 그 제안들이 타당하다고 생각했기 때문이다. 하지만 그동안 우리는 비난당하고 있다고 느끼고 있었고, 그렇기 때문에 그녀의 제안들을 검토하는 것조차 오랫동안 미루면서 그녀의 요구사항을 무시하는 식으로 반응했던 것이다.

당신은 이제 당신이 원하지 않는 것들에 대해 불평을 늘어놓기보다는 당신이 원하는 것들에 대해 이야기하는 보다 긍정적인 사람이 되었을 것이다. 사람들은 당신과 함께, 당신을 위해서 일하고 싶어할 것이며, 당신은 당신이 꿈꿔왔던 것보다 더 많은 것들을 성취하고 받게 될 것이다. 천천히 시간을 갖고 지켜보라. 그러면 그러한 일은 마침내 일어나고야 말 것이다.

"하지만 제가 열성을 갖고 지켜보는 사회적 문제들에 대해서는 어떻게 하죠?" 나는 종종 이런 질문을 받는다. "불평하지 않는다면, 어떻게 이 사회에 긍정적인 변화를 가져오는 데 보탬이 될 수 있을까요?" 다시 말하면, 변화는 불만으로부터 시작된다. 변화는 당신과 같은 누군가가 실제로 일어나고 있는 일과 그렇게 될 수 있는 일 사이의 간극을 보게 될 때 시작되는 것이다. 불만은 시작이다. 하지만 불만으로만 끝나서는 안 된다. 당신이 어떤 상황에 대해 불평한다면 당신은 다른 사람들을 당신 편으로 끌어들여 당신과 함께 불평하게 만들 수는 있을 것이다. 하지만 그러한 방법은 문제의 상황을 해소하는 데 큰 도움이 되지 못한다. 하지만 당신이 그 문제가 해결되었을 때, 현실과 이상의 간극이 좁혀지면서 그 문제가 더 이상 존재하지 않게 되었을 때, 어떻게 할 것인가에 대해 이야기하기 시작한다면 당신은 다른 사람들이 그 문제에 관심을 갖고 다 함께 긍정적인 변화를 이끌어내도록 유도할 수 있을 것이다.

당신이 불평하기를 중단하면 이전보다 두려움과 분노도 덜 느끼게 된다는 사실을 깨닫게 될 것이다. 분노는 두려움이 외부로 향할 때 생기는 감정이다. 당신의 마음 밑바닥에 더 이상 두려움이 자리하고 있지 않기 때문에 분노하고 두려워하는 이들이 당신에게 다가오는 일도 별로 없을 것이다. 베스트셀러 작가 게리 주커브(Gary Zukav)는 자신의 책 『영혼의 의자』에서 이렇게 썼다. "불평은 일종의 조작이다."

내게는 다른 종파의 목사로 재직 중인 친구가 하나 있다. 그 종파의 인증단체는 친구의 교회가 성장할 수 있도록 컨설턴트를 보내면서 이렇게 말했다고 한다. "가서 그들이 무엇을 두려워하는가를 파악하세요. 그리고 그것을 이용해서 그들을 화나게 만드십시오. 그러면 그들은 다른 사람들에게 그 상황에 대해 불평할 것입니다. 이것이 그들을 단결시키고 다른 사람들을 끌어오게 할 것입니다."

이런 접근법이 내 친구에게는 양심에 어긋나는 방법으로 비쳐졌다. 친구는 자신의 목사로서의 소명은 도움을 필요로 하는 이들을 섬기는 것이지 대중을 선동하는 것이 아니라고 생각하고 있었기 때문이다. 내 친구 목사는 그의 동료 목사에게 전화를 걸어 신도들의 두려움 및 분노를 이용하는 접근법이 그의 교회에서 먹혀들어갔냐고 물어보았다.

"그럼, 잘 먹혀들었지." 그 목사는 대답했다. "덕분에 신도 수가 엄청 늘어났지. 하지만 문제는 그렇게 해서 새로 우리 교회로 들어온 신도들이 다들 불평을 입에 달고 사는 두려움 많고 화 잘 내는 사람들이었다는 거지. 지금 나는 그들을 상대하느라 정신이 없다네."

그 말을 듣고 내 친구는 재직하던 교회의 담임 목사직을 그만두고 지금은 병원의 선교 목사로 일하고 있다. 그 친구는 여전히 청렴하고 행복하게 살고 있다.

어느 날 밤, 우리 가족은 로버트 프레스톤(Robert Preston) 주연의 고전 뮤지컬 영화인 〈뮤직 맨(The Music Man)〉을 보고 있었다. 그 영화에서 프레스톤은 수다스럽고 양심 없는 악기

판매상 해럴드 힐을 연기했다. 아이오와주의 리버시티에 도착한 힐은 옛 친구에게 이렇게 묻는다. "내가 이 도시에서 사람들을 열 받게 만드는 데 쓸 만한 방법이 뭐가 있을까?" 그러자 그 친구는 힐에게 이제 막 그 도시에 들어온 그 도시 최초의 포켓볼 테이블에 대해 말한다. 그러자 힐은 포켓볼이 풍기문란을 일으킨다는 이야기를 퍼뜨려 그 도시 전체를 두려움에 떨게 만든다. 그리고는 그 도시의 젊은이들을 모두 밴드로 끌어들이는 것만이 포켓볼로 대변되는 풍기문란과 집단 히스테리에 대한 유일한 해결책이라고 선전한다. 힐은 그런 식으로 모두에게 밴드용 악기와 유니폼을 팔아 돈을 벌어들인다. 그는 불만의 불꽃을 부채질하는 방법으로 그 도시 사람들 모두를 자신의 목적을 이루기 위해 조종하는 데 성공한 것이다.

주커브의 말이 옳다. 불평은 당신의 에너지를 조종하는 것이다. 당신은 이제 불평하지 않는 사람이 되었으니 누군가가 부정적인 말로 당신을 조종하려고 할 때 그것을 알아차릴 수 있을 것이다. 그리고 당신 자신을 보호할 건강한 경계를 설정할 수 있을 것이다. 당신이 그런 말을 들었을 때 당신은 그것이 불평이라는 것을 알아차리고 그러한 불평이 곧 문제를 야기한다는 것도 안다.

이렇게 말하는 이들도 있다. "하지만 불평이 정신 건강에 좋다고 믿는 정신과 의사들도 있던데요." 앞에서도 말했지만, 불평하는 것 자체는 타당한 일이다. 또한 슬픔, 고통, 불만의 표현이 실질적으로 도움을 줄 수 있는 사람을 향한 것이라면 과거에 대해 누군가를 공격하는 수단으로서가 아니라 당신이 미래에 원하는 것을 받는 방법으로 이루어지는 것이라면, 그것은 건강한 것이다.

당신의 인생에 있어서 힘들었던 일들로부터 벗어나기 위한 방법으로 심리치료사나 다른 상담전문가에게 그러한 일들에 대해 이야기하는 것은 건강한 해결방법일 수 있다. 훌륭한 심리치료사는 그러한 사건들에 의미를 부여하고 미래의 보다 나은 삶에 대한 희망과 건설적인 패러다임을 제시할 수 있다. 하지만 친구에게 불평을 늘어놓는 것, 감정을 방출하는 것은 자제력 없는 부정적인 태도에 대한 변명이 될 수 있으며 그러한 태도는 우리들에게 더 많은 문제를 끌어들인다.

우리 모두에게는 우리가 처한 상황을 좀 더 제대로 인식하고 해결하기 위해 우리의 인생에서 일어나고 있는 일들을 정리해보아야 할 때가 있다. 정리와 불평은 다른 것이다. 정리는 이미 일어난 일에 대해 당신의 감정을 나누는 것이지 그 일을 사사건건 다시 되씹는 것은 아니다. 당신의 상사가 당신에게 소리를 질렀다면, 당신은 집에 가서 배우자에게 그러한 경험에 대해 이야기하고 그때 느꼈던 기분을 함께 나누고

싫어할 것이다. 당신은 "상사가 내게 소리를 질러댔을 때 난 정말 놀라고 속상했어"라고 말할 것이다.

경험을 정리할 때 당신의 느낌에만 집중해서 말하도록 하라. 이미 일어난 일에 대해 다시 주저리주저리 이야기하지 않도록 하라. 다음과 같은 표현들을 사용하도록 해보라.

화나다
슬프다
기쁘다
행복하다
두렵다
즐겁다

"네가 그런 일을 할 때 나는 화가 나"라는 말은 그 경험을 당신의 것으로 남겨두면서 그 경험을 정리하는 표현이다. "네가 그렇게 행동할 때 어리석어 보여"라는 말은 '나는 이렇다고 느껴'라는 말이 들어갔을 뿐 사실상 그저 비난에 불과하다. 당신이 느끼는 바야말로 당신이 얼마나 건강한 자아를 갖고 있고, 얼마나 정직하고 성실하게 살고 있는가를 가장 잘 드러내는 지표이다. "다른 사람이 그렇게 행동했어"라고 다른 사람의 말을 이용하지 않는다면 이는 건강한 것이다.

누군가의 도움을 받을 때도 상처를 주고 고통을 야기한 한 가지 경험에 너무 오래 머무르지 않도록 하는 것이 중요하다. 한 심리학 연구에 따르면, 신경 증세에 대해 이야기하면 실제로 그 증상이 더 심해진다고 한다.*

훌륭한 치료사는 시간과 에너지를 과거에 얼마나 할애해야 하는가를, 어떻게 당신으로 하여금 이미 일어난 일을 보다 나은 미래를 창조하는 데 이용하도록 도와줄 수 있을까를 잘 알고 있는 사람이다.

스티븐 디츠(Steven Dietz)의 희곡 「허구(Fiction)」에서 한 등장인물이 이렇게 말한다. "작가들은 글쓰기를 좋아하는 게 아니라 글로 쓰인 것을 좋아하는 게지." 마찬가지로 사람들은 변화하기를 좋아하는 게 아니라 변화된 것을 좋아하는 것이다. 당신은 당신의 밴드를 계속해서 옮겨 끼면서, 시작하고 또 시작하려는 의지와 시간과 노력을 투자한 것이다. 당신은 이제 새 사람이 되었다. 당신은 변했다. 전미 대법원 판사였던 올리버 웬델 홈즈(Oliver Wendell Homes)는 이렇게 말했다. "새로운 사고로 확장된 마음은 결코 이전 단계로 움츠러들지 않는다." 당신도 그 일을 해낸 것이다.

당신 역시 여기까지 읽었지만 아직 21일 연속으로 불평하

---

*로빈 코발스키(1996). "Complaints and complaining: Functions, antecedents, and consequences." 「사회심리학지」 119, 181쪽.

지 않고 지내기에 성공하지 못했다면, 앞의 내용들을 다가올 일에 대한 예언으로 받아들여라. 당신은 할 수 있다. 다음 장에서는 21일 연속으로 불평하지 않고 지내기에 성공한 이들의 이야기를 듣고 그러한 성공이 그들에게 무엇을 의미하는가를 살펴보게 될 것이다.

8
21일의 챔피언

당신 자신을 소유하는 특권은
아무리 많은 돈을 줘도 살 수 없다
프리드리히 니체(Friedrich Nietzsche)

"하지만 불평은 건강에 이롭지 않나요?"

내가 불평하지 않고 지내기에 관한 인터뷰를 할 때마다 매체에서는 종종 나를 불평을 건강을 증진시키는 방법으로 간주하고 이를 옹호하는 심리학자들과 같은 부류의 사람으로 보려고 한다. 그런 오해를 받을 때마다, 나는 그 사람들에게 나는 사람들을 변화시키려고 나선 것이 아니라고 밝힌다. 그들이 불평하기 원한다면 나는 그들의 건투를 빌 따름이다. 분명히 말해두지만, 나는 당신이 해결해야 할 어떤 일이 발생했을 때 잠자코 있으라고 말하는 것은 아니다. 뒤로 물러서거나 참지 말고 그저 사실을 있는 그대로 말하되, 다만 당신이 하는 말 이면에 "어떻게 네가 나한테 감히 이럴 수 있어?" 같은 부정적 에너지를 깔지 않도록 하라는 것이다.

나는 심리학자가 아니다. 나는 텔레비전에 출연해 심리학자 행세를 한 적도 없다. 이 영역에 있어서 나의 경험은 순전히 끊임없이 불평하는 버릇에서 해방된 뒤로 내 인생에 찾아온 변화, 많은 사람들이 불평하지 않고 지내게 되면서 얼마나 더 행복해지고 건강해졌는가에 대해 내게 말해준 이야기들을 바탕으로 한 것이다. 불평하는 것이 건강해지기 위한 한 방법이라면 미국 사람들은 전 세계에서 가장 건강한 사람들에 속할 것이다. 하지만 지구상에서 최고의 의료 시스템을 갖췄다고 하는 이 나라의 연간 심장질환 사망률은 해마다 전 세계 국가의 평균인 93퍼센트보다 높은 수치를 나타내고 있다. 미국 사람들은 또한 고혈압, 뇌졸중, 암 등 각종 질병의 위협을 받고 있다. 말 그대로 마음의 불편함이 몸의 불편함이 되어버린 것이다.

저명한 심리학자, 마이클 커닝햄(Michael Kunningham) 박사는 사람들이 불평하기 좋아하는 것은 인류의 조상들이 부족을 위협하는 어떤 일이 발생했을 때 경고를 발하기 위해 취한 방법에서 유래된 것이 아닐까라는 가정을 제시한 바 있다. 커닝햄 박사는 이렇게 말했다. "포유류는 원래부터 불평하는 생물 중 하나다. 우리는 도움을 청하거나 반격을 취할 자세를 갖추는 하나의 방법으로 우리를 괴롭히는 것들에 대해 말한다." 우리 사회에 만연한 불평은 더 이상 필요하지 않지만 인류가 아직 벗어나지 못한, 또는 진화하지 못한 어떤 것이다. 우리는 불평할 때 여전히 심리적, 사회적 이득을 취할 수 있기 때문이다.

우리는 불평할 때 "무언가가 잘못됐다"고 말한다. 우리가 자주 불평할 때 우리는 계속해서 '무언가가 잘못된' 상태에서 사는 것이며 이는 우리 인생에서 스트레스를 증폭시킬 뿐이다. 누군가가 끊임없이 당신에게 "조심해. 뭔가 나쁜 일이 일어날지도 모르니까", "과거에 일어났던 나쁜 일은 더 나쁜 일이 일어날 징조야"라고 말한다고 상상해보라. 누군가가 끊임없이 당신 주변에서 일어날 수 있는 위험이나 문제를 지적한다면 그것은 당신의 인생을 더욱 피곤하게 만들지 않겠는가? 당연히 그럴 것이다. 당신이 자주 불평할 때 그러한 위험을 알려주는 사람은 바로 당신이다. 당신은 불평함으로써 당신의 스트레스 지수를 높이는 것이다. 당신이 "무언가가 잘못됐다"고 말하면 당신의 몸은 스트레스로 반응한다.

집단 스트레스 지수에 대해 말하려니 갑자기 내가 다녔던 대학교의 사관생도들이 떠오른다. 당시 사관생도 후배들은 선배가 옆으로 지나가면 차렷 자세를 해야만 했다. 차렷 자세란 팔을 양 옆에 붙이고 턱을 끌어당기고 공격에 대비하는 것처럼 몸을 빳빳이 세우는 것이다. 불평을 함으로써 우리의 마음이 잘못된 것에 집중한다면 우리의 몸도 그에 따라 차렷 자세를 하거나 몸을 뻣뻣이 세우는 식으로 반응하게 된다. 그에 따라 몸의 근육도 뭉쳐지고 가슴 맥박이 빨라지며 혈압도 올라간다. 이러한 상태가 당신에게는 건강한 상태로 보이는가?

2006년 2월 27일 「포브스(*Forbes*)」에 게재된 기사에 따르면, 미국에서 가장 잘 팔리는 처방약의 상위 7위까지가 모두 스트레스로 인한 질병을 치료하는 데 사용되는 약이라고 한다. 2005년에는 미국에서 우울증, 속 쓰림, 심장관련 질환, 천식, 고혈압을 치료하는 약에 들어간 돈이 무려 312억 달러에 달했다고 전했다.

당신은 이렇게 생각할지 모른다. "좋아요. 불평이 스트레스를 유발하고 심장병, 우울증, 속 쓰림 역시 스트레스로 인한 질병이라는 것은 납득이 가요. 하지만 천식이나 고혈압이 스트레스와 무슨 상관이 있죠?" 영국 런던대의 앤드류 스텝토(Andrew Steptoe) 교수와 그의 동료들은 스트레스가 콜레스테롤에 미치는 영향에 관한 연구를 수행하여 그 연구 결과를 「건강심리학(*Health Psychology*)」 2005년 12월호에 게재한 바 있다. 스텝토 박사가 이끄는 연구팀은 실험 참가자들의 콜레스테롤 수치를 측정한 다음 그들을 스트레스 상황에 처하게 했고, 스트레스 상황을 겪은 다음 참가자들의 콜레스테롤 수치를 측정해보니 수치가 눈에 띄게 증가하였다는 것을 확인할 수 있었다고 한다. 이처럼 스트레스 역시 콜레스테롤을 증가시키는 하나의 요인이 될 수 있다는 것이다. 천식의 경우, 미국의 의료 포털 웹엠디(WebMD)의 헤더 하트필드(Heather Hatfield) 박사는 다음과 같이 말한다. "우리의 불안과 스트레스 지수가 상승하기 시작하면 천식 증세도 악화될 수 있다." 스트레스는 천식의 발작을 유발하며, 불평은 스트레스지수를 높인다.

불평은 건강에 이로운 것이 아니라 사실상 건강에 매우 해로운 것이다. 하지만 내 말을 곧이곧대로 받아들이지는 마라. 나는 내가 '21일의 챔피언'이라고 부르는 사람들, 즉 21일간 연속으로 하루도 불평하지 않고 지내기에 성공한 이들의 사례를 소개하면서 끝맺고자 한다.

조이스 카시오

작가

1년 전까지만 해도, 나는 "당신은 자주 불평하는 사람입니까?"라는 질문을 받으면 즉각 이렇게 대답했을 것이다. "아뇨. 전 그런 사람이 아닙니다. 저는 불평을 거의 안 하고 사는걸요." 하지만 그 같은 질문에 대한 더 정확한 대답은 "네. 저는 불평을 하면서도 제가 얼마나 많이, 얼마나 자주 불평하는지 전혀 알아차리지 못하는 사람입니다"일 것이다.

나는 0에서 10까지 만족을 평가하는 척도를 직접 사용해 보고서야 내가 얼마나 많이 불평하고 있었는지 알아차릴 수 있었다. 끊임없이 불평하는 사람을 10이라고 친다면 전혀 불평하지 않는 사람은 0에 해당한다. 이런 평가척도에 따라 나는 나 자신을 10에 해당하는 극심한 불평꾼으로 보지 않았기 때문에 개선할 필요도 없다고 느끼고 있었던 것이다. 나는 나 자신을 중간 정도, 즉 5 정도의 수치에 위치한 사람이라고 생각하고 심각한 상황에서는 6 정도에 해당하는 불평꾼으로 보고 있었다. 하지만 내가 완전히 놓치고 있었던 것과 평가 척도가 내게 보여주지 못한 것은 어떤 수준의 불평이든지 내 자신뿐 아니라 다른 사람들과 맺고 있는 관계에 이롭지 못하다는 것이다.

내가 얼마나 많이 불평하며 살고 있었던가를 처음으로 깨달은 것은 2006년 여름이었다. 당시 막 시작한 사업은 기울고 있었으며 나와 가까운 이들은 그 사업이 성공하기 어려울 것 같다고들 했다. 나는 낙담하고, 좌절하며, 부정적인 감정들을 느꼈다. 사람들과 대화를 나누면 나눌수록 기운이 빠졌다. 그도 그럴 것이 나는 내 사업에 대한 내 입장을 옹호하고 내가 경험한 부정적인 측면들과 어려움을 지적하는 데 내 에너지의 많은 부분을 써야 했기 때문이다.

마침내 이야기를 늘어놓는 것조차 지쳐 나는 조용한 은둔의 형태로 일종의 안식기간을 갖기로 결심했다. 나는 모두로부터 벗어나고 싶었던 것이다. 나는 매일 일기를 썼다. 그러던 중 7월 후반의 어느 날, 나는 내가 하는 말이 나에게 주는 고통이라는 것을 알고 이에 대해 쓰기 시작했다. 왜냐하면 내가 하는 말의 상당 부분이 나는 물론이고, 다른 어느 누구에게도 확신을 주지 못한다는 생각이 들었기 때문이다. 나는 불평이라는 것이 나를 괴롭히는 일들에 대해 직접적으로 말하지 않고 그것을 에둘러 말하는 방식이라는 것을 깨달았다. 나는 무슨 일을 하거나 하지 않는 핑계를 대는 방법으로 불평을 이용했다. 나는 처음으로 불평이라는 것이 내 인생에서 의미 있는 해결책을 앗아가고 있다는 것을 깨달았다. 기본적으로 불평이라는 것은 내가 나 자신을 포함한 모든 사람들과 직접적이고 솔직한 대화를 나누는 것을 방해하고 있었던 것이다.

그때 나는 몰랐지만 공교롭게도 같은 주에 윌 보웬 목사님께서 우리 교구에 불평 없는 세상을 위한 보라색 고무밴드를 보내주시면서 21일간 불평하지 않고 지내보기에 도전해볼 것을 권하셨다. 나는 그 소식을 듣고 너무나 반가워서 즉시 보라색 고무밴드를 착용하기 시작했다.

나는 내가 21일 간의 도전에 성공했다고 말할 수 있어 너무나 기쁘다. 지금도 나는 나 자신에게 불평하지 않고 지내기 위해, 그리고 수많은 사람들에게 영향을 준 이 위대한 운동을 지지하기 위해 보라색 고무밴드를 꾸준히 착용하고 다닌다. 내가 21일간의 도전에 성공한 후 내게 일어난 일은 다음과 같다.

- 한결 충만하고 행복한 인생을 살게 되었다
- 내 사업의 전망도 이전보다 훨씬 좋아졌다
- 주변 사람들과도 훨씬 긍정적인 관계를 맺게 되었고 인간관계에서 생기는 갈등도 한결 줄어들었다

여전히 나를 힘겹게 만드는 상황은 계속되고 있지만 이제 달라진 것은 내가 그러한 일들과 상황에 이전과는 다르게 반응한다는 것이다. 그리고 그러한 태도 변화가 이전과는 다른 결과를 가져오고 있다. 이제 나는 나 자신과의, 그리고 다른 사람과의 의사소통에 있어 보다 솔직해질 수 있게 되었다. 불평하지 않고 살아보니, 내 인생이 완전히 바뀌었다. 그러한 도전에 응하고픈 사람에게는 누구에게나 나와 같은 일이 일어나리라고 믿는다.

캐시 페리

기간제 교사

내가 21일간 불평하지 않고 지내기에 성공한 것은 지난 4월 24일이었다. 나는 윌 보웬 목사님께서 불평 없는 세상을 위한 프로그램을 시작하신 지난 7월부터 보라색 고무밴드를 착용하기 시작했다. 그러한 도전을 시작한 후로 나는 몇 번이나 중단했다가 다시 시작하곤 했다. 단 하루 동안 전혀 불평하지 않고 지내게 되기까지만도 수주일이 걸렸다. 하지만 2006년 10월에 남편 역시 보라색 고무밴드를 착용하기 시작하면서 일은 한결 수월해졌다. 노력을 계속할 수 있도록 지지하는 사람과 함께하니 확실히 도움이 되었다.

이러한 도전은 내가 얼마나 불평하고 살았던가를 깨닫게 해주는 계기가 되었다. 그것은 참으로 나의 생각과 말에 대해 깨닫게 되는 과정이었다. 내가 실제로 무엇에 집중하고 있었던가를 깨닫게 되자 나는 곧 나 자신에 대한, 다른 사람들에 대한, 그리고 내가 부닥치는 상황에 대한 나 자신의 생각을 변화시킬 수 있었다. "피곤해", "잠이 부족해", "일할 시간이 부족해"와 같이 매일 늘어놓던 푸념을 그만두면서 기분도 한결 더 좋아졌고 숙면을 취할 수 있었다.

나의 초점이 인정하는 것으로 바뀌니 긍정적인 태도를 유지하기도 한결 쉬워졌고 이런 사고의 영향이 내 생활의 곳곳에서 엄청난 파급력을 미치게 되면서 기분이 더 좋아졌다. 이제 나는 잠도 잘 자고 더 자주 웃는다. 가족들과의 관계도 한결 좋아졌다. 우리 가족의 일상의 대화에도 불평보다는 칭찬이 더 많은 비중을 차지하게 되었다. 우리 가정은 이제 평화가 충만한 가정이 되었다.

불평하지 않고 지내기란 쉬운 일은 아니다. 처음으로 전혀 불평하지 않고 하루를 지내기까지도 오랜 시간이 걸리고 상당히 의식적인 노력도 필요하다. 하지만 일단 당신의 사고와 습관이 바뀌기 시작하면 한결 쉬워진다. 중요한 것은 노력을 멈추지 않는 것이다.

내 경우 그러한 시도는 그저 불평하기를 그만두는 것이 아니라 불평을 내가 받은 축복에 대해 감사하는 마음으로 바꿔 놓는 것이었다. 나는 이제 인생에서 불평할 거리를 찾는 대신 인생의 좋은 면들을 볼 수 있게 되었다.

돈 페리
엔지니어

내 아내는 작년 7월부터 불평 없는 세상 프로그램에 도전했다. 아내가 내게 그 이야기를 했을 때 나 역시 그 제안이 마음에 들었다. 일단 아내가 눈에 띄게 변하는 것을 볼 수 있었다. 그래서 나도 그해 10월에 보라색 고무밴드를 착용하기 시작했다. 아내가 하루 종일 불평하지 않고 지내기에 성공하기까지는 8주가 걸렸다. 마침내 2007년 4월 18일, 내 아내는 21일간 연속으로 불평하지 않고 지내기에 성공할 수 있었다.

이 같은 도전을 계속하는 동안 나는 나의 불평이 나뿐만 아니라 주변 사람의 기분에 얼마나 많은 영향을 미치는지 알 수 있었다. 또한 내가 그동안 얼마나 많은 것들에 대해 비관적인 시선을 갖고 살아왔는가도 깨달을 수 있었다. 나는 다른 사람들이 나의 부정적인 태도에 어떻게 반응하는가를 깨닫고 놀라지 않을 수 없었다.

어느 날 직장에서 나의 상사가 내가 끼고 있는 보라색 고무밴드에 대해 물어보았다. 내가 불평 없는 세상을 만들기 위해 도전하는 것이라고 말해주자 그는 반색을 하며 이렇게 말했다. "사실 말이야, 자네가 고함을 지르면 정말 무시무시하다네." 내가 우리 가족들에게 이 얘기를 들려주자 가족들은 동의하면서 내가 소리를 지르면 정말 어디 숨고 싶었다고 했다. 내가 신문을 읽거나 텔레비전을 보다가 고함을 지르면 정말 그 자리를 뜨고 싶었다는 것이다.

나도 이제 내가 화를 내거나 불평하는 것이 대부분 직장에서 안정감을 느끼지 못하기 때문이라는 것을 깨달았다. 나는 내가 직장에서 해야 할 일을 모두 제 시간에 끝낼 수 없을 때, 얼마나 할 일이 많은가에 대해, 또 일을 마감에 맞춰 끝내기가 얼마나 힘든가에 대해, 그 이야기를 들어줄 누군가에게 불평을 늘어놓곤 했다. 내가 해야 할 일을 제 시간에 끝낼 수 없다면 그것은 내가 그만한 능력이 없다는 뜻이 아니겠는가? 결국 나는 두렵고 화가 나기 때문에 불평을 한 것이다. 이제 앞으로도 내가 할 일은 항상 많겠지만 내가 할 수 있는 것은 최선을 다하는 것뿐임을 알게 되었다.

이러한 깨달음은 내가 직장에서나 내 인생의 다른 부분들에서 일어나는 모든 일을 내 마음대로 할 수 없다는 사실, 불평이 상황을 개선하는 데 아무 도움이 되지 않는다는 사실을 받아들이는 데 큰 도움이 되었다. 그리고 나는 내가 불평을 적게 할수록 그것에 대해 덜 걱정하게 된다는 것도 깨닫게 되었다. 끊임없이 걱정하는 습관을 벗어던짐으로써 나는 집에서 지내는 시간을 한층 더 즐길 수 있게 되었고 더욱 편안한 마음으로 생활할 수 있게 되었다.

불평하지 않고 지내게 되면서 나는 직장에서나 집에서나 사람들과 더 잘 지내고 더 행복한 생활을 영위할 수 있게 되었다. 나의 부정적인 태도는 다른 사람들에게도 좋지 않은 영향을 미쳤지만 내가 새로 갖게 된 긍정적인 태도는 다른 사람을 치유하는 효과를 낳고 있다. 불평 않고 지내기가 내게 준 행복이 주위로 전파되고 있는 것이다. 나의 상사는 이제 나를 '밝은 사람'이라고 부른다.

마르시아 데일
교회 사무국 총무

나는 윌 보웬 목사님이 내게 21일간 불평하지 않고 지내기에 도전해보라고 권한 지난 7월 23일부터 줄곧 불평 없는 세상을 위한 보라색 고무밴드를 끼고 있다. 당시 나는 이렇게 생각했다. "그게 뭐가 그리 어렵겠어? 나는 낙천적인 사람인걸. 내겐 사랑하는 가족이 있고 또 내가 좋아하는 일이 있고. 나는 또 교회에서 일하는 사람이잖아. 21일이라… 식은 죽 먹기지!"

하지만 나는 밴드를 차고 나서야 내 입에서 부정적인 말이 얼마나 많이 나오는지 의식하기 시작했다. 내가 부정적인 말을 얼마나 많이 하고 있는가를 알아차리게 되면서 정말 놀랐다. 나는 계속해서 말하는 중간에 말을 멈추고 스스로에게 이런 질문을 던져야 했다. "내가 정말 이 말을 계속해도 되는 것일까? 이 말이 뭔가 긍정적인 결과를 가져올 것인가?" 계속해서 그 대답은 "아니오"였다. 연신 밴드를 바꿔 끼우다가 결국 밴드 2개가 너덜너덜해질 지경이 되었다. 하지만 11월

중순에 이르러서야 나는 21일간의 도전에 성공할 수 있었다.

나는 마치 할 일을 잊어버리지 않기 위해 손가락에 감아두는 실처럼 계속해서 밴드를 차고 다녔다. 내가 쓸 만한 말을 하고 있는지 의식하기 위해서, 그리고 내게는 내가 하는 말들을 지혜롭게 선택할 책임이 있다는 것을 스스로에게 일깨우기 위해서였다. 나는 그것이 내 감정을 억제하는 것이 아니라 낙천적인 태도를 선택하는 것임을 깨달았다. 나는 지난 몇 달간 개인적으로나 가정적으로나 다소 어려운 상황들을 겪어야 했다. 하지만 어떤 말이든 그 말이 내 입에서 튀어나오기 전에 나는 그 말에 대해 생각해보고 뭔가 긍정적인 의도를 가진 말을 하려고 노력했다. 그러자 부정적인 태도를 버리고 어려운 상황에 대처하는 것도 가능해졌다. 그리고 그 결과는 언제나 훨씬 더 좋았다!

게다가 일상생활에서 아무리 바빠도 모든 것이 전보다 순조롭게 흘러가는 것처럼 보이기 시작했다. 내가 이전에 자주 만나 함께 시간을 보내곤 하던 몇몇 친구들과는 어느 틈엔가 멀어지게 되었다. 불평할 거리를 찾아내지 않고서는 서로 함께할 이야기가 별로 많지 않았기 때문이다. 하지만 그것은 내게 더 많은 축복의 기회를 열어주었다. 내가 이전보다 훨씬 더 마음의 평화를 느끼게 된 것은 정말 놀라운 일이다!

마티 포인터
컴퓨터 프로그래머

21일간 불평하지 않고 지내기에 성공한 후 넉 달 동안 내가 가장 큰 소득으로 생각하는 것은 나와 생각이나 가치관이 다른 사람들이나, 내가 뜻대로 할 수 없는 것들을 받아들이기가 훨씬 수월해졌다는 것이다. 나는 이제 예전만큼 큰 힘을 들이지 않고도 모든 일을 있는 그대로 받아들일 수 있게 되었다. 나는 나도 모르게 비난하는 것을 즐기는 사람들을 멀리하게 되었으며 최선을 다하는 사람들을 더 가까이하게 되었다. 그로 인해 얻게 된 큰 보상 중 하나는 내가 21일간의 도전에 성공하기 전에는 결코 알지 못했던 나와 유사한 경험을 한 이들과 아름다운 우정을 쌓게 되었다는 것이다.

21일간의 도전을 끝내면서 나는 내가 이전에는 알아차리지 못했던 내 안에 있는 좋은 점들을 발견하게 되었다. 사람들과 상황에서 미흡한 것을 이전보다 쉽게 보아넘기는 법을 배운 다음부터는 나 자신에게서도 긍정적인 부분을 발견하기가 훨씬 쉬워졌음을 알게 되었다.

내가 이 글을 쓰는 지금, 올해 연세가 93세인 나의 어머니는 병상에 누워 먼저 가신 사랑하는 이들을 다시 만날 날만을 기다리고 계신다. 지금 어머니는 몸무게가 36킬로그램밖에

안 나가며 일주일 넘게 아무것도 못 드시고 계신다. 간병인은 왜 우리 어머니가 남긴 돈을 다 써가면서까지 이곳에 계시는지 모르겠다고 한다. 어머니는 지금 너무 쇠약해서 몸도 못 가누신다. 처음 이러한 상황을 접한 나는 무척 고통스러웠다. 나는 신을 향해 불평을 쏟아놓고 싶었지만 안간힘을 쓰며 자제했다. 그러다가 나는 21일간 불평하지 않으면서 얻었던 많은 교훈들을 떠올리게 되었다. 그러한 교훈 중 하나는 도움을 요청해도 된다는 것이었다. 그래서 나는 신에게 도움을 요청했다.

나는 신께서 우리 어머니에게 튼튼한 육신을 주셨고 그 육신이 93년 동안 우리 어머니를 지탱해주었다는 깨달음을 얻게 되었다. 그 덕에 어머니는 많은 곳을 가볼 수 있었고, 세 아이를 낳아 기를 수 있었으며, 악기도 연주하고, 여러 가지 방법으로 당신의 뜻을 실현하며 사실 수 있었던 것이다. 그 육신은 비록 지금 서서히 무너져가고 있지만 여전히 어머니의 영혼이 깃드는 곳으로서의 역할을 충실히 수행하고 있는 것이다. 이제 나는 이 경이로운 선물에 대해 감사하는 마음으로 신을 찬미하며, 어머니의 영혼이 지상에서의 여정을 어떤 식으로 끝맺게 되던 간에 그에 대한 신의 계획을 기꺼이 받아들일 수 있게 되었다.

병원의 호스피스 선교사를 만나면서, 나는 불평 없는 세상 프로그램이 세상을 어떻게 바꿀 수 있는가를 직접 확인할 수 있었다. 내가 불평 없는 세상 프로그램에 대해 그녀에게 말하자마자 그녀의 눈은 빛나기 시작했고 내 설명이 채 끝나기도 전에 그녀는 호스피스 담당 직원들에게 나눠줄 보라색 고무밴드 50개를 주문했다. 그녀는 비록 호스피스 봉사자들이 죽어가는 이들에 대한 투철한 봉사정신을 갖고 있다 하더라도 그들 또한 결함을 가진 인간인 만큼 이 기회를 통해 그들도 긍정적인 에너지를 발산하는 데 좀 더 집중함으로써 환자들을 더 잘 돌볼 수 있게 될 것이라고 말했다.

반년 전만 해도 나는 21일간 불평하지 않고 지내기가 내 인생을 바꿔놓으리라고는 상상도 못했다. 하지만 그러한 도전은 실로 내 주변의 다른 사람들의 인생에까지 영향을 미쳤고 지금도 영향을 미치고 있다.

꽃ᅵ꽃ᅵ꽃

게리 힐드
수석조리장

나의 절친한 친구 윌 보웬 목사가 불평하지 않고 지내기에 도전하고 있던 지난 가을 어느 날, 나는 캔자스시티 북쪽에 있는 그의 집 근처에서 말을 타면서 멋진 오후를 보내고 있었다. 나는 그러한 도전에 관한 이야기를 듣자마자 귀가 솔깃

했다. 요리사라는 직업의 특성상 나는 입맛이 섬세하고 취향도 다양한 손님들에게 항상 최상의, 독창적인 요리를 제공하려면 늘 비판적일 필요가 있다고 생각해왔다.

30년 넘게 전문 레스토랑에서 일해오면서 그동안 나의 교육 스타일도 옛날 유럽식 도제제도 같은 상명하달식 지도방식에서 좀 더 인간적이고 효율적인 지도방식으로 바뀌었다. 윌이 제안한 새로운 도전은 내가 예기치 못한 방식으로 효과를 발휘하였다. 21일 동안 불평하지 않겠다는 도전을 성공적으로 이룬 뒤, 확실히 나는 우리 직원들과 대화를 주고받는 방식을 좀 더 의식하게 되었다. 나는 이제 훨씬 더 주의해서 말하고, 나의 역할을 상사나 관리자로 보기보다는 뛰어난 기술을 가진 선생으로 생각하게 되었다. 나의 이러한 태도변화는 나뿐만 아니라 내 주변 사람들의 에너지를 더욱 북돋우는 결과를 낳았고 덕분에 우리는 이제 더욱 즐겁고 스트레스 없는 대화를 즐길 수 있게 되었다.

나는 불평 없는 세상 프로그램이 '끌어당김의 법칙'과 같은 맥락에서 이루어지는 것이라고 본다. 나의 사고와 대화는 감사와 해결을 목표로 하고 있으며, 이는 나로 하여금 같은 목표를 가진 사람들과 가까워지게 만들었다.

지금도 나는 스스로에게 불평하지 않기 위해 보라색 고무밴드를 차고 다닌다. 그리고 매일 해야 할 일에 대해 단 한 가지 방법으로 대응하고자 노력한다. 바로 가장 긍정적인 방식으로 지극한 감사의 마음을 실천하고자 노력하는 것이다. 내가 비판하고 싶은 마음이 들 때면 나는 일단 호흡을 가다듬고 내가 하고자 하는 말을 좀 더 직원들에게 도움이 되는 교육적인 방식으로 표현하고자 노력한다. 내가 그렇게 하면 직원들도 더욱 인정받고 있다는 느낌, 자신들의 말을 내가 경청하고 있다는 느낌을 받는다. 이 도전은 모든 것에 대한 나의 태도를 바꿔놓았다. 나는 이제 스트레스와 걱정으로부터 해방된 느낌이다. 이는 불평하지 않고 지내기에 도전한 덕분에 얻게 된 일종의 부수입 같은 것이다. 나는 진정으로 행복하고 감사할 줄 아는 사람이 되었다.

잭 링
옷가게 주인

사실 나는 남성복 가게를 운영하는 자영업자다. 21일간 불평하지 않고 지내기를 시도하기 전에는 누구에게든 불평하지 않도록 노력하는 것이 뭐가 그리 어려운 일일까 생각했다. 나는 불평 없는 세상 프로그램에 도전하면서 내가 하는 사업 그 자체가 즐거운 일임을 깨닫게 되었다. 고객들을 상대하고 내가 파는 물건들을 공급하는 이들과 함께 일하면서 나는 매일 여러 부류의 사람들을 만나야 한다. 내가 만나는 사람들 중 상당수는 우리가 패션잡지에서 만나게 되는 디자이너들로서 똑똑하고 사교적이며 누구나 만나고 싶어할 멋진 사람들이다.

하지만 흔히 말하듯이 "이것이 이야기의 전부는 아니다."

사람들은 서로 관계를 맺고 살면서 우리가 만나는 이들에게서 최선을 발견하려고 노력한다. 하지만 이러한 관계에서 발생하는 작은 문제들은 관계를 깨뜨리는 큰 문제가 될 수도 있고, 싸움을 일으킬 수도 있으며, 적어도 양측을 기운 빠지게 만들 우려가 있다. 나는 이러한 마음의 상태는 불건전하고 뭔가 우리가 피하고 싶은 것이라는 데 모두가 동의할 것이라고 본다.

나는 나 자신이 21일간 불평하지 않고 지내기를 잘 해내리라 믿었다. 그래서 나는 보라색 고무밴드를 차고 다녔다. 내일, 내 아내, 우리 아이들, 동업자들, 우리 직원들, 협력업체들, 나의 운전 습관, 교회 기금모집, 내가 키우는 고양이와 강아지, 친구들, 고객들, 내가 관계를 맺고 살아가는 모든 사람들이 나를 방해하지 않는다면 나는 무난히 성공할 것이라 믿었다.

하지만 나는 모든 문제에서 하나의 공통된 맥락을 발견하기 시작했다. 모든 문제의 중심에 있는 것은 바로 나라는 것을 깨닫게 된 것이다. 내가 하려는 일이 장애에 부딪힐 때마다 나는 뭔가 비난할 거리나 비난할 사람을 찾곤 했다. 나는 또한 내가 기껏해야 별것 아니라고 생각했던 문제들, 대부분의 경우 다른 사람들이 그들 자신이 행한 행동으로 초래된 문제들에 대해 불평하는 것을 얼마나 많이 듣게 되는가를 깨닫기 시작했다. 그들은 자신들이 어떻게 해볼 수 없는, 아무리 불평해도 소용없을 것 같은 일들에 대해 불평을 하고 있었다. 나는 보라색 고무밴드가 다 닳아버릴 정도로 밴드를 이쪽저쪽으로 옮겨 끼우면서 다른 사람들이 불평하는 것을 듣고 나 자신이 언짢은 기분이 되는 것이 얼마나 지겨운 일인가를 깨닫기 시작했다.

마침내 광명의 빛이 비치기 시작했다. 그 빛은 나로 하여금 그들의 불평이 나 자신을 짜증나게 하는 것만큼이나 내가 하는 불평이 다른 사람들을 얼마나 짜증나게 만드는 것인가를 깨닫게 해주었다. 그러면서 나는 더 이상 21일간 불평하지 않고 지내기에 성공하지 못한 것에 대한 변명거리를 찾을 수 없게 되었다. 누군가가 뭔가에 대해 불평하면 나는 그냥 입을 다물기 시작했다. 불평할 생각이 들라치면 나는 그에 대한 가능한 해결책이 있는지 생각해보거나, 적어도 그것을 있는 그대로 받아들이기 시작했다. 결국 나는 마침내 밸런타인데이에 우리 부부와 동업자 부부가 출장 겸 여행을 하는 동안

21일간 연속으로 불평하지 않고 지내기에 성공할 수 있었다.

그러한 도전에 성공함으로써 내 인생에 일어난 가장 큰 변화 중 하나는 내 주변에 있는 사람들이 불평하는 것을 듣는 일도 함께 줄어들었다는 것이다. 불평을 듣게 되면 나는 그 불평이 나를 향한 것이 아니라 그들이 자신들의 인생에서 일어나는 일들을 남들이 알아주고 이해해주기를 바라는 마음에서 그렇게 하는 것이라고 이해하게 되었다. 나는 또한 다른 사람들을 덜 판단하게 되었다. 이처럼 매사에 해결책을 찾아보거나 상황을 받아들이는 태도를 갖게 된 덕분에 가정이나 직장에서 받는 스트레스는 줄어들고 성취감은 높아졌다. 내가 불평하는 일이 줄어들자 아내와 가족, 동료들과의 관계도 좋아졌다. 나는 이제 이전보다 행복한 사람이 되었다.

다른 사람들이 흥분해서 불평을 늘어놓을 때도 침묵을 지킴으로써 나는 그들의 말에 귀를 기울이지 않고 그들로 하여금 자신들이 한 말에 대해 되돌아보도록 유도한다. 적어도 두 사람 이상 있어야 싸움이 벌어질 수 있는 것처럼 불평도 두 사람 이상 있어야 나올 수 있는 것이다. 보라색 고무밴드는 아직 그 밴드를 차고 다니기로 결심하지 않은 이들을 불평하지 않는 삶에 도전해보도록 유도하는 데 도움이 될 수 있다. 들어주는 사람이 없으면 우리는 당면한 문제들을 스스로 해결하는 데 보다 집중하게 되고 자기 인생을 스스로 꾸려나

갈 궁리를 하게 된다.

우리가 불평을 잠재우는 것은 명상의 침묵에 비견될 수 있다. 명상의 침묵 속에서는 신이 우리에게 하는 말도 더 잘 들린다.

릭 실버리
대학교수

내가 이 도전을 시작했을 때 누군가가 내게 이 도전을 완수하는 데 이렇게까지 오래 걸릴 것이라고 말했다면 나는 아마 그 말을 믿지 않았을 것이다. 나는 내 자신이 자주 험담하는 사람이거나 불평꾼이라고는 생각해본 적이 없었다. 내게 다소 신랄한 면이 없진 않지만 그렇다고 해서 불평꾼이라고까지는 생각하지 않았던 것이다. 하지만 일단 이러한 도전을 시작하면서 나의 말과 행동에 주의를 기울이자 불평이라는 버릇은 내가 이 과업을 성공적으로 수행하는 것에 방해가 될 정도로 자주 그 추한 모습을 드러내곤 했다.

그래서 이 여정을 계속하는 동안 나는 내 삶에서 불평을 완전히 뿌리 뽑겠다고 작정하고 나섰다. 나는 매일 하루 3번 불평하지 않는 나의 행동을 스스로 칭찬했고, 이런 경험이 내 삶 속에서 어떤 식으로 드러날 것인가를 상상해보았다. 나는 또한 하루 종일 나 자신을 고무할 만한 긍정적인 말들만 하고자 노력했다. 내 목표는 나의 무의식에 자리 잡고 있는 바람직하지 못한 특성들을 의식의 차원으로 끌어올려 그러한 특성들을 없애는 것이었다. 나는 이러한 과정이 불평하지 않는 상태에 이르는 필수불가결한 과정이라고 생각한다. 이러한 과정을 통해 나는 천천히, 하지만 확실하게, 그리고 보다 수월하게 불평과 험담의 습관을 없애버릴 수 있었기 때문이다. 내가 부정적인 특성들을 갖고 있고 그러한 특성들을 자주 드러낸다는 것을 깨닫기 전에는 그 같은 특성들을 뿌리 뽑을 수 없었다.

불평하지 않는 사람이 되기 위한 이 같은 훈련을 통해 인생에 대한 나의 낙관적 시각도 더욱 강화되었다. 나는 부정적인 사고가 내가 나 자신 및 다른 사람들과 평화롭게 지내는 걸 어떤 식으로 방해하는지도 알게 되었다. 그러한 경험을 통해 나는 내 배우자, 가족, 동료, 학생들과의 관계도 더욱 좋아지는 것을 느낄 수 있었다. 나는 이제 전보다 더 참을성 많고 나와 관련된 모든 일에 있어서 이전보다 덜 조급해하는 사람이 되었다. 정치가들이 끊임없이 내게 정신적 성장의 기회를 제공하는 동안 나는 그들의 행동에 초연한 더욱 느긋한 사람이 되어가고 있음을 느낄 수 있다. 내 말을 오해하지 않았으면 좋겠다. 나는 아직도 내 신념과 관련해서는 확고한 입장을 갖고 있지만 이제는 내 입장을 보다 점잖은 방식으로 전달할 수 있게 된 것이다.

나는 21일간의 도전을 마친 후에도 다시 21일 동안 이러한 훈련을 계속하기로 결심했다. 이번에는 불평이나 험담이나 빈정거림을 삼가는 것뿐만 아니라, 나의 사고에 있어서 불안과 의혹을 제거하는 데 초점을 맞추고자 한다. 내가 생각하고 말하고 행동하는 모든 것에 있어서 내가 모범이 될 수 있도록 자기 기만적이거나 부정적인 생각들을 없애는 데 초점을 맞출 작정이다.

내 경우, 이러한 경험을 가장 잘 요약해주는 말로 조지 버나드 쇼의 말을 인용할 수 있을 것 같다.

"나에게 인생이란 쉽게 꺼져버릴 덧없는 촛불이 아니라 잠시 들고 있는 찬란한 횃불이다. 이 횃불을 다음 세대에 넘겨주기에 앞서, 내가 들고 있는 동안은 되도록 환히 타오르게 만들고 싶다."

우리들 스스로가 불평으로부터 해방된 사람이 되는 것은 후손들을 위해 인류의 정신적 수준을 한 단계 높이고 새로운 규범을 제시하는 일이 될 것이다.

톰 알레이아

불평 없는 세상 프로그램의 컨설턴트

오래전에 텔레비전에서 방영했던 코믹 드라마 〈아이 러브 루시(I Love Lucy)〉를 기억하는지? 나는 그 드라마의 팬으로 특히 주인공인 리키 리카르도가 매일 문을 열고 들어와 "안녕, 루시. 나 왔어"라고 외치는 장면을 좋아했다. 나도 그처럼 집으로 돌아와 "안녕, 미샤. 나 왔어"라고 말하곤 하지만, 어떤 날은 이렇게 말하고 싶을 때도 있었다. "안녕, 미샤. 나 왔어. 골치 아파 죽겠어"라고 말이다.

내게 있어서 불평은 하나의 생활방식, 사람들의 주의를 끄는 방식, 내 의견을 다른 사람들에게 주지시키는 방식, 또는 그저 대화를 트는 방식이 되어 있었다. 나는 항상 내 자신이 꽤나 낙관적이고 행복한 사람이라고 생각했다. 적어도 2006년 7월에 교회에서 돌아와 아내에게 21일간 불평하지 않고 지내기에 도전하겠다고 말할 때까지는 말이다. 나는 흥분해서 우리 교회에서 내가 아마 그 도전에 성공하는 첫 주인공이 될 거라고 말했다. 그러자 아내는 미소를 지으며 이렇게 말했다.

"21일이라… 나도 당신이 21일간 불평하지 않고 지내는 걸 보고 싶네요."

하지만 그렇게 말한 지 6분도 채 안 돼 나는 이 일이 평생의 도전이 될 것임을 깨닫게 되었다. 아내와 함께 소파에 앉아 있다가 나는 갑자기 이렇게 말했다. "야, 정말 날씨 한 번 덥네. 골치가 지끈거릴 지경이야." 그러자 아내는 나를 쳐다보고는 다시 내 밴드를 쳐다보았다. 나는 곧 밴드를 이쪽에서 저쪽으로, 다시 저쪽에서 이쪽으로 옮겨 꼈다. 한꺼번에 불평을 두 번씩이나 했기 때문이다. 사실을 말하자면 나는 그 6분간의 침묵이 너무 어색해서 뭔가 대화를 트려고 했던 것이다. 나는 주의를 끌기를 원했고 그렇게 말하는 것이 주의를 끄는 최상의 방법이라고 생각했던 것이다.

　그렇게 해서 불평하지 않고 어떻게 대화를 시작할 것인가를 배우는 것이 나의 첫 번째 과제가 되었다. 일단 그 과제에 집중하니 이제는 다른 불평거리로 넘어가게 되었다. 우리 집에서 아이들의 방은 늘 엉망진창이었다. 하지만 사실 아이들의 방에 대해 불평하는 것이 실제로 그 방을 더 빨리 치우게 하는 데 무슨 도움이 되겠는가? 내가 그것에 대해 무엇을 할 수 있겠는가? 그런 식으로 불평하지 말아야 할 일의 목록은 계속 이어졌고 그러면서 내가 불평하는 횟수도 줄어들었다. 나는 나의 부정적인 생각과 말이 나와 다른 사람들에게 얼마나 부정적인 영향을 미치고 있었던가를 깨닫게 되었다.

　21일간 불평하지 않고 지내기에 도전한 지 5개월이 지난

다음에야 나는 마침내 이 도전에 성공할 수 있었다. 이제 골치 아픈 것도 줄어들었냐고? 물론이다. 무엇보다도 우선 골치 아프게 했던 일들이 사실상 그렇게 많지 않다는 것을 깨달았기 때문이다. 이제 나는 건강한 신체를 가진 건전한 자아로서 항상 나를 비롯한 모든 사람들의 치유를 위해 일하고 있다. 이전보다 더 행복한 사람이 되었냐고? 물론이다. 아이들과 함께하는 저녁식사 시간도 더욱 즐거운 시간이 되었다. 아이들의 방이 너무 더럽다고 불평하는 일도 줄어들면서, 아이들의 꿈과 희망에 대해 더 많은 이야기를 나누게 되었기 때문이다. 끈질기게 노력한 끝에 마침내 21일간의 도전에 성공하게 되어 기쁘냐고? 물론이다. 이는 내가 사랑하는 사람과 결혼한 것, 내가 사랑하고 아끼는 우리 세 아이가 태어난 것 다음으로 내 인생에 일어난 가장 멋진 일이다.

캐서린 봄
간호사

보라색 고무밴드를 받은 다음 나는 하루 종일 불평하지 않고 지내는 것이 얼마나 어려운 일인가를 곧 깨닫게 되었다. 주말은 그럭저럭 무사히 지나갔다. 하지만 월요일이 되어 직장에 출근하면서 사정은 달라졌다. 나는 내가 하는 일을 무척 좋아하지만 모든 일이 그렇듯이 내가 하는 일에도 조직 내 행정상의 일처리와 관련된 문제들이 발생하곤 한다.

이 프로그램을 시작한 후 5개월이 지나자 '행복 인증서'를 받는 사람들이 나오기 시작했다. 그들을 보고, 나는 더욱 결심을 굳히게 되었다. 나는 직장 동료들에게 내가 불평을 자제하고 불평하지 않도록 도와달라고 부탁했다. 모두 협조적인 반응을 보였다. 그들이 부정적인 대화에 나를 끌어들일라 치면 나는 내 고무밴드를 잡아당겼고 그러면 우리는 대화의 주제를 바꾸곤 했다.

2주쯤 되자 꽤 잘 되어가는 듯했다. 불평하지 않고 지내기가 특별히 힘들었던 하루를 보낸 다음 나는 의사들에게 나의 이 작은 도전에 대한 협조를 구하지 않았다는 사실을 깨달았다. 의사들 중 한 사람이 계속 나를 화나게 만들었던 것이다. 다음 날 모든 정간호사들이 이전 컴퓨터 시스템에 들어 있던 의무기록 자료 전체를 새로운 시스템으로 옮기는 작업을 도와주러 다른 도시로 출장을 가게 되었다. 그런데 우리는 작업방식에 관한 어떤 지시도 받지 못했기 때문에 작업은 무척 힘들었다. 일을 마친 다음 우리 간호사 셋은 점심을 먹으면서 2시간 동안 불평을 늘어놓았다.

이 점심시간의 대화로 인해 나는 21일간의 도전을 다시 시작해야만 했다. 두 번째 도전과정에서는 불평하지 않고 지낸

지 20일째 되던 날, 나를 싫어해 말도 걸지 않는 한 간호사가 우리 방으로 걸어 들어왔다. 그리고 그 뒤를 이어 첫 번째 도전에서 14일째 되던 날 나로 하여금 결국 불평하게 만들었던 바로 그 의사도 따라 들어왔다. 도전에 성공하기 전 단 하루를 남기고 나는 이 두 위대한 방해꾼들과 마주선 것이었다. 나는 웃으면서 말했다. "오, 정말 두 분 다 유머 감각이 대단하시네요. 제가 졌어요." 그날 나는 하루 종일 불평하지 않고 지냈을 뿐만 아니라 그날을 내 직장생활 전체를 통틀어 가장 멋진 날로 만들었다.

패트리샤 플라트
교사

나는 21일간의 도전을 시작하며 이렇게 생각했다. "별로 힘들 것 같지 않은데? 나는 평소에도 그다지 불평을 많이 하는 사람은 아니니까. 게다가 나는 혼자 살잖아." 하지만 웬걸, 내가 이 도전에 성공하기까지는 넉 달이 걸렸다.

어렸을 때 나는 우리 아버지와 삼촌에게 성희롱을 당했다. 이 상처를 극복하기 위한 방법으로 나는 젊은 시절, 술과 마약, 불건전한 관계에 빠져들었다. 18년 전, 나는 마침내 문란한 생활에서 벗어나 상처를 치유할 수 있었다. 하지만 나는 계속 낮은 자존감과 함께 우울증에 시달려야만 했다. 나는 어떻게 하면 부정적인 생각을 멈출 수 있는지 알지 못했다. 나는 긍정요법을 익히고, 심리치료를 받아보았으며, 자기계발서를 사서 읽는 등 할 수 있는 온갖 방법을 시도해보았다. 사람들은 자주 내게 "그런 식으로 생각하지 마"라고 말하곤 했다. 하지만 나는 어떻게 하면 부정적인 생각을 멈출 수 있는지 방법을 알지 못했다. 결국 나는 불평 없는 세상 프로그램에 도전하면서야 마침내 그런 부정적인 생각들에서 해방될 수 있었다.

내가 처음에 이 도전을 시작했을 때 나는 하루에도 몇 번씩 밴드를 옮겨야만 했다. 그다음엔 이틀 정도 불평하지 않고 지내다가 7일, 그 다음에는 14일, 이런 식으로 불평하지 않고 지내는 날이 늘어갔다. 그런데 어느 날 불평 없는 세상 프로그램에 관한 기사가 우리 지역신문에 실리면서 나는 꼼짝 못하게 되었다. 우리 학교 학생들이 집에 가서 학부모들에게 지역신문에 내 이름이 났다고 말한 모양이었다. 부모님들은 신문에 난 내 이름을 보고 내가 왜 신문에 나왔냐고 물으셨다. 나는 학생들과 함께 그 기사를 읽었다. 기사를 읽고 난 후 학생들은 자신들도 한번 도전해보고 싶다고 말했다. 결국 그렇게 해서 25명의 4학년 아이들이 나를 지켜보게 된 덕분에 나는 옴짝달싹 못하게 되어버렸다!

그 과정에서 내가 직면한 어려움 가운데 하나는 다른 사람들이 얼마나 부정적인 말들을 많이 하는가를 이전보다 더 많이 알아차리게 되었다는 것이다. 나는 가끔 이를 숨기고 싶은 때도 있었으나 항상 그렇게 할 수도 없는 노릇이었고 그것은 내가 문제를 해결하는 방법을 배우는 데 도움이 되는 방법도 아니었다. 나는 보다 잘 들어주는 사람이 되려고 노력했다. 나는 사람들이 하는 말 이면에 들어 있는 메시지에 귀를 기울이려고 노력했다. 예를 들어 동료교사 한 명이 자기가 맡은 반에 대해 불평을 늘어놓으면 맞장구치거나 조용히 듣고 앉아 있는 대신 이런 식으로 말했다. "정말 힘들 것 같네요. 내게 그런 일이 생기면 저는 이렇게 해본답니다." 이러한 도전을 계속하면서 나는 내 인간관계가 훨씬 좋아지는 것을 느낄 수 있었다.

하지만 지금까지 내가 받은 가장 큰 선물은 우울증에서 해방되었다는 것이다. 내가 매일 느끼는 기쁨과 만족은 내가 그토록 간구하고 찾아왔던 평화를 주었다. 물론 아직도 나는 삶에 좌절하게 될 때가 가끔 있다. 하지만 이제는 불평하기보다 그러한 상황이 내게 준 선물에 대해 신께 감사드린다. 좌절하지 않겠다고 결심한 후 나는 '수용과 긍정적인 면 찾기'라는 사랑의 정의를 늘 상기하려고 노력하고 있다.

이중 누구의 이야기가 당신에게 가장 와 닿는가? 이들의 이야기에서 당신 자신의 삶에서 이루고 싶은 변화나 개선의 방향을 찾았는가? 당신도 당신의 삶에 만연해 있는 불평을 차근차근 뿌리 뽑음으로써 이들이 이룬 것을 당신 자신의 현실로 만들 수 있다. 성공할 때까지 밴드를 옮기고 또 옮기다 보면 당신도 어느새 성공에 이른 자신을 발견하게 될 것이다.

한 송이의 포도가
전체 포도를 익게 한다

불평을 누군가에게 시정해야 할 실수나 결함에 대해
알려주는 것과 혼동해서는 안 된다
웨이터에게 수프가 차가우니 데워달라고 말하는 것은 불평이 아니다
당신이 언제나 중립적인 사실에 충실하다면 말이다
하지만 "어떻게 감히 나한테 차가운 수프를 내올 수 있어요?"
라고 말하는 것은 불평이다

에크하르트 톨(Eckhart Tolle), 『새로운 지구(A New Earth)』

위에서 인용한 에크하르트 톨의 말은 이 책의 요지를 가
장 잘 나타내는 말이라고 할 수 있다. 당신의 상황을 개선시
킬 수 있는 누군가에게 의견을 말하는 것은 불평이 아니다.
하지만 누군가를 꾸짖거나 당신 자신이나 다른 사람에게 자
신이 처한 상황에 대해 한탄하는 것은 불평이다. 그리고 불평
은 당신이 원하지 않는 것을 당신에게로 더 많이 끌어들인다.

수프가 차갑다고 웨이터를 혼내면 웨이터는 수프를 다시
따뜻하게 데워서 갖고 오겠지만 그가 화가 나서 수프에 무엇
을 넣을지는 아무도 모른다. 어떤 사람이 불평의 소리를 듣
거나 비판을 받으면 불평의 대상은 공격받았다고 느끼고 우
선 스스로를 방어하는 반응을 보인다. 이러한 방어는 역공의

형태로 나타날 수도 있다. 그러한 일이 일어나지 않더라도 당신은 불평함으로써 전 우주에 당신이 희생자라는 메시지와 에너지를 내보내는 것이며 그렇게 함으로써 더 많은 가해자들을 당신 쪽으로 끌어들이게 된다.

불평은 종종 자기 자신의 자아에 주의를 기울이는 수단이 될 수도 있다. 사람은 누구나 정도의 차이는 있을지언정 인정받기 원한다. 하지만 불평을 많이 하는 사람들은 자아 존중감이 낮기 때문에 주의를 끌려고 노력하는 것일지도 모른다. 또는 그들은 자신의 비판적 취향과 까다로움을 드러내는 방법으로 주변 사람들에게 불평을 늘어놓는 것일 수도 있다. 특히 사람들은 특정 분야에서 확신이 없을 때 불평을 늘어놓기도 한다. 사람들은 또한 자신의 삶을 성장시키고 개선해야 할 책임을 면하기 위해 혼자 어떤 한계를 정하고 그러한 한계를 합리화하고 구체화하기 위해 불평하는 것일지도 모른다.

불평은 주의를 요하는 경계의 외침일지도 모른다. 하지만 불평은 또한 전 우주에 뭔가가 '잘못됐다'는 신호를 보내는 것과 마찬가지다. 그러면 관대하면서도 중립적인 우주는 뭔가 '잘못된' 것을 되보낸다. 누군가가 뭔가에 대해 불평할 때 그들은 자기도 모르는 사이 불평할 거리를 더 많이 받겠다는 메시지를 우주에 전달하는 것이며 그렇게 부정의 악순환이 계속되는 것이다.

그러한 악순환에서 벗어나는 방법은 불평을 중단하고 긍정적인 일이 일어났을 때 감사의 마음을 표현하는 것이다. 사실 일상생활에서 감사할 일은 많이, 너무나 많이 있다. 나 자신에게 이것을 일깨우기 위해 나는 매일 아침 일어나자마자 감사할 일 다섯 가지를 적어본다. 나는 이러한 습관을 갖게 되면서 그저 내가 감사할 것들에 대해 생각만 하지 않고 그것들을 적어두면 하루 종일 감사의 마음이 나의 일상을 지배한다는 것을 알게 되었다.

당신은 말이나 글로 표현함으로써 그것을 드러내는 것이다. 부정적이고 불행한 것들에 대해 말하면 당신은 부정적이고 불행한 것들을 끌어들이게 될 것이며, 당신이 감사하는 것들에 대해 말하면 당신은 보다 즐거운 것들을 당신에게 끌어올 수 있을 것이다. 당신은 당신이 생각하고 있는 것을 드러내는 습관적인 말투를 갖고 있다. 이것이 당신의 현실을 만들어내는 것이다. 당신이 그것을 깨닫든 그렇지 않든 간에 당신은 매일 당신이 따라갈 코스를 결정하고 그 코스를 따라가는 것이다. 그 결과는 유쾌한 것일 수도 있고 괴로운 것일 수도 있다.

내가 어렸을 때 우리 어머니가 내게 들려주시던 이야기 중에 빵가게 주인과 나그네, 그리고 구두쇠인 슈퍼마켓 주인 이야기가 있다. 내가 어릴 때 가장 좋아하던 이야기 중의 하나인 이 이야기를 잠시 해볼까 한다. 나그네는 먹을 것과 잘 곳을 찾아 작은 마을로 들어온다. 나그네가 도움을 요청하자 구두쇠인 슈퍼마켓 주인 부부는 나그네를 내쫓는다.

나그네는 다시 빵가게를 찾아간다. 빵가게 주인은 돈 한 푼 없는 가난뱅이에 빵을 만들 재료도 거의 다 떨어져가고 있었다. 하지만 그는 나그네를 받아들이고 나그네와 함께 조촐한 식사를 한다. 그런 다음 그는 나그네가 쉴 수 있도록 자신의 침대를 나그네에게 내어준다. 다음 날 아침, 나그네는 빵가게 주인에게 감사의 인사를 하며 이렇게 말한다. "오늘 아침 당신이 처음으로 무슨 일을 하던 당신은 하루 종일 그 일을 하게 될 것입니다."

그는 나그네의 말이 무슨 뜻인지 알 수 없었지만 우선 나그네에게 줄 케이크를 굽기로 결심했다. 남은 재료가 뭐가 있나 찾아보니 달걀 2개와 밀가루 한 컵, 설탕이랑 약간의 향신료가 남아 있었다. 그는 케이크를 굽기 시작했다. 그런데 놀랍게도 재료를 쓰면 쓸수록 재료가 더 늘어나는 것이 아닌가. 마지막 남은 달걀 2개를 꺼내면 그 자리에 달걀 4개가 생기고, 밀가루 포대를 탈탈 털어 마지막 남은 밀가루를 꺼내고 밀가루 포대를 내려놓자마자 포대는 다시 밀가루로 가득 찼다. 이 같은 행운에 신이 난 빵가게 주인은 온갖 솜씨를 발휘해서 열심히 빵과 과자를 구웠고 마을은 곧 고소한 빵, 과자, 케이크, 파이 냄새로 가득 찼다. 빵을 사려고 손님들이 몰려들었고 가게 앞은 장사진을 이루었다.

그날 저녁, 몸은 피곤하지만 즐거운 마음으로 넘치는 현금 등록기를 정리하고 있는 빵가게 주인에게 구두쇠 슈퍼마켓 주인이 다가와서 물었다. "오늘 어떻게 그렇게 손님을 많이 끌 수 있었지? 우리 마을 사람들 모두가 자네 가게에서 빵을 사간 것 같구만. 빵을 사러 몇 번씩 다녀간 사람들도 있잖아." 그는 구두쇠에게 자신이 도와주었던 나그네와 그날 아침 나그네가 주고 간 축복의 말에 대해 말해주었다.

구두쇠는 당장 빵집에서 뛰쳐나와 마을 밖으로 달려갔다. 그들 부부는 마침내 전날 밤에 자신들이 쫓아냈던 나그네를 발견하고 이렇게 말했다. "선생님, 지난밤에 저희의 무례함을 용서해주십시오. 선생님을 도와드리지 않았다니 아마 저희가 정신이 어떻게 됐었나 봅니다. 제발 저희 집으로 가셔서 선생님께 호의를 베풀 기회를 주십시오." 나그네는 아무 말 않고 발걸음을 돌려 마을로 돌아왔다.

구두쇠의 집에 도착한 나그네는 고급 와인을 곁들인 멋진 저녁식사도 대접받고 디저트로 맛있는 과자도 먹었다. 그리고는 화려한 방에서 거위털 이불을 덮고 잤다. 다음 날 아침 나그네가 떠날 채비를 하자 구두쇠 부부는 발을 동동 구르며 나그네가 마법의 말을 던져주기를 기다렸다. 아니나 다를까 나그네는 감사의 인사를 하며 이렇게 말했다. "오늘 아침 당신이 처음으로 무슨 일을 하던 당신은 하루 종일 그 일을 하게 될 것입니다."

나그네를 서둘러 배웅하고 가게로 들어온 구두쇠 부부는 그날 하루 종일 손님들이 잔뜩 몰려올 것을 기대하면서 남편은 빗자루를 들고 바닥을 쓸기 시작했고, 아내는 그날 몰려들 손님들에게 물건 값을 받고 거슬러줄 잔돈이 충분히 있는지 확인하기 위해 현금 등록기에 들어 있는 잔돈을 세기 시작했다. 남편은 쓸고, 아내는 세고, 남편은 쓸고, 아내는 세고. 하면 할수록 그들 부부는 그날 저녁 날이 저물 때까지 쓸고 세기를 멈출 수가 없었다.

빵가게 주인과 구두쇠는 똑같은 축복을 받았지만 빵가게 주인은 자신의 하루를 긍정적이고 베푸는 마음으로 시작함으로써 큰 소득을 얻었지만, 구두쇠 부부는 부정적이고 이기적인 마음으로 하루를 시작함으로써 아무것도 받지 못했던 것이다. 축복은 중립적이다. 당신의 삶을 가꿔가는 능력도 중립적인 것이다. 그 능력을 당신이 원하는 대로 사용하라. 뿌린 대로 거두게 될 것이다.

누군가가 당신을 심하게 비난할 때 그들은 스스로의 두려움과 불안정 때문에 그렇게 하는 것임을 기억하라. 그런 것들은 그들이 약점이라고 생각하는 것으로부터 나오며, 스스로가 실제로는 작고 약하다고 느낄 때 크고 강하게 보이기 위한 하나의 방법으로 자신의 독설을 과장하는 것이다. 그들은 자신의 두려움과 불편한 마음을 다른 사람들에게 투사하고 있는 것이다.

당신이 세상을 더 좋은 곳으로 만들고 싶다면 우리 자신의 영혼 안에 내재해 있는 불안을 치유하는 것에서 시작해야 한다. 우리의 말을 바꾸면 우리의 생각이 바뀌게 되고 우리의 생각이 바뀌면 궁극적으로는 우리가 사는 세상도 바뀔 것이다. 불평을 중단하는 것은 부정적인 생각이 발산되는 주요 출구를 없애는 것이다. 그 결과 우리의 마음이 바뀌고 우리는 보다 행복한 사람이 된다. 부정적인 생각이 표현될 자리가 없어지면 마음은 부정적인 생각을 중단한다. 당신의 입이 부정적인 생각을 드러내기를 중단하면 당신의 마음은 또 다른, 보다 행복한 생각을 찾아내고 생산해내게 될 것이다. 당신의 마음이라는 생각 공장은 항상 가동 중이며 부정적인 생각을 찾는 고객이 없으면 그 공장은 생산라인을 재정비하여 행복한 생각을 생산해내게 될 것이다.

우리의 외부 세계는 우리의 내면세계가 투사된 것이다. 우리가 다른 사람과 맺는 관계는 우리 자신과 맺는 관계로부터 시작된다. 당신은 당신 자신을 대하는 것보다 다른 사람을 더 잘 대할 수 없다. 모든 것은 당신 자신으로부터 시작된다.

마태복음 7장 3절을 보자. 그리스도께서 말씀하셨다. "어찌하여 형제의 눈 속에 있는 티는 보고 네 눈 속에 있는 들보는 깨닫지 못하느냐?" 만약 당신이 주변 사람들이 너무 많이 불평한다고 느껴진다면 스스로 자신을 들여다보고 바로 당신의 눈 안에 들보가 들어 있는 것은 아닌지 점검해볼 필요가 있다.

당신이 21일간 연속으로 불평하지 않고 지내기라는 도전에 성공하면 당신은 불평하기에 중독된 사람에서 불평 중독에서 회복된 사람으로 변화할 것이다. 알코올 중독자는 아무리 오랫동안 술을 마시지 않아도 술을 한 번이라도 입에 대는 순간 다시 중독의 세계에 빠져든다. 당신 주변의 사람들이 불평하고 있다면 당신이 그런 사람들을 가까이한 것은 아닌가 당신 자신을 먼저 들여다볼 필요가 있다. 만약 당신이 불평하지 않는 사람이 되었을 때 그들이 여전히 불평을 한다면 그들과 거리를 두도록 하라. 우주는 당신이 새로운 긍정의 길을 따라가도록 지지할 것이다. 당신의 친구들이 불평꾼이라면 당신이 그들과 맺고 있는 현재의 관계는 이미 기간이 만료된 계약과도 같은 것임을 깨닫게 될 것이다. 당신 가족들이 불평꾼이라면 가급적 그들과 함께 이를 이겨나가도록 하라.

부정적인 사람들이 당신이 원하는 삶을 앗아가도록 내버려두지 마라. 하나의 습관을 형성하는 데 21일이 걸린다고 한다. 당신 역시 21일간의 도전을 통해서 형성한 불평하지 않고 지내기의 습관에서 어느 순간 벗어나 다시 옛날 습관으로 되돌아갈 수도 있다. 그러니 주변 사람들이 하는 말에 유의하도록 하라. 왜냐하면 당신이 그들을 따라가고 싶은, 다시 말해 그들처럼 불평을 늘어놓고 싶은 생각이 들 수도 있기 때문이다.

당신 자신을 돌보면서 불평하는 사람들을 멀리하도록 하라. 당신이 스스로를 돌보지 않는다면 당신은 다시 부정의 수렁에 빠질 수 있다. 그리고 기억하라. 당신이 불평하지 않는 사람이 되고자 노력하면 이는 주변 사람들이 자신의 삶을 돌아보고 성장할 계기가 될 수도 있음을 말이다.

당신이 다른 사람들을 도와주는 최상의 방법은 불평 없이 지내면서 생활의 모범을 보여주는 것이다. 당신 자신을 사랑하듯이, 당신 주변의 사람들을 사랑하라. 나는 내가 이제까지 본 사랑에 대한 정의 중 가장 탁월한 정의는 "사랑은 무조건적인 수용이며 좋은 것을 찾는 것이다"라는 데니스 웨이틀리(Denis Waitley) 박사의 정의라고 생각한다.

우리가 다른 사람들과 상황들을 있는 그대로 받아들이며 그들 안에서 좋은 것을 찾을 때 우리는 더욱더 선함을 경험하게 될 것이다. 왜냐하면 우리가 어디에 초점을 맞추는가에 따라 이러한 표현이 우리의 현실이 될 수 있기 때문이다. 우리가 인생에서 만들어내는 파장이 행복하고 건강한 사람들을 우리 쪽으로 끌어들일 것이다. 이러한 유형이 아닌 사람들은 우리들 주변에서 불편해하며 자기들의 갈 길을 갈 것이다.

불평하지 않고 지내기 위해서는 예전에 쓰던 말을 새로운 방식으로 말하는 것이 필수적이다. 뭔가 좋은 일이 생기면 아무리 사소한 일일지라도 스스로에게 이렇게 말하도록 하라. "그럼 그렇지!" 당신이 그러한 축복을 끌어들인 자석이 되었다는 사실을 인지하기만 하면 된다. 그러한 경험이 닻을 내릴 수 있도록 당시 얼굴에 이미 알고 있었다는 표정을 지을 수도 있을 것이다. 당신은 비오는 날 들렀던 가게 바로 앞에 주차할 자리를 발견한 적이 있는가? 그러면 "내 복이지 뭐!"라고 말하라. 주차 미터기에 동전을 넣은 것을 깜박하고 갔다가 돌아와서 와이퍼 밑에서 위반 딱지를 발견한 적이 있는가? 그러면 "매번 이렇지 뭐"라고 말하라. 누군가가 어떤 일에 대해 당신에게 정면으로 반박하면, "내게 또 다른 시각을 가르쳐줘서 고맙네"라고 말하라. 처음에는 이런 태도가 어리석게 느껴질 수도 있겠지만 당신이 당신의 경험을 위해서 설득력 있는 긍정적인 말을 사용할 때마다 당신은 더 많은 기쁨과 풍요를 가져오는 단단한 토대를 쌓는 것이다.

사람들은 내게 보라색 고무밴드에 대해 얘기할 때마다 '유행'이라는 표현을 쓴다. 켄 하쿠타(Ken Hakuta)는 자신의 저서

『어떻게 당신만의 유행을 만들 것인가(How to Create Your Fad)』라는 책에서 '유행'에 대해 '오늘은 모두가 원하는 것이지만 내일이면 아무도 원하지 않는 것'이라고 정의한다. 그렇다면 보라색 고무밴드는 유행일 수도 있다. 요즘도 매일 수천 건의 요청이 들어오는 걸 보면, 지금은 많은 사람이 그것을 원하고 있는 것으로 보인다. 사람들이 내게 언제쯤 이 운동이 한계에 다다를 것이라고 생각하냐고 물으면 나는 이렇게 대답한다. "60억 개를 기록하면요."

보라색 고무밴드 60억 개면 지구상의 모든 사람들이 보라색 고무밴드를 하나씩 차게 된다는 말이다. 사실상 그렇게 많은 사람들이 보라색 고무밴드를 차게 되지는 않을 것이다. 보라색 고무밴드는 언젠가는 21세기 초반에 있었던 사소한 운동쯤으로 기억될지도 모른다. 하지만 보라색 고무밴드는 유행이 아니다. 그것은 지금 지구상에 존재하고 있는 인류의 의식 변화다. 램프의 요정이 램프에서 나온 것처럼, 단순하지만 심오한 이 아이디어 덕분에 이제 세상은 이전과 같지는 않을 것이다.

우리는 현재 아동심리학자들과 함께 불평 없는 세상을 위한 학교 프로그램과 어린이들을 위한 커리큘럼을 준비하고 있으며, 불평 없는 가정, 불평 없는 직장, 불평 없는 교회, 기타 여러 사업 모델들을 준비 중이다. 우리의 현재 목표는 전 세계 모든 국가의 지도자들이 '불평 없는 날'을 지정하도록 장려하는 것이다. 휴일이 아니라, 미국의 '전미 금연의 날' 같은 날을 지정하여 사람들이 단 하루라도 불평이나 비판, 험담을 하지 않고 지내는 경험을 체험하게 하는 것이다. 미국과 캐나다에서는 추수감사절 전날을 불평 없는 날로 지정하려는 움직임이 일고 있다. 불평 없이 하루를 지내고 그 다음에 바로 감사의 날을 맞이하자는 의미가 있는 것이다. 불평의 반대말은 바로 '감사'니까. 당신이 이러한 운동을 통해 변화를 겪고 삶에 영향을 받았다면 당신 나라의 상원의원, 하원의원, 또는 국회의원 등 당신 나라의 다른 지도자들을 만나서 이 같은 운동이 널리 전파될 수 있도록 알려라. 한 나라와 그 국민이 자신들의 집단 에너지를 문제보다는 해결책에 집중시킬 때 변화의 힘이 발휘된다는 것을 깨닫게 하자.

래리 맥머트리(Larry McMurtry)의 소설 『머 나 먼 대서부(Lonesome Dove)』에는 카우보이가 주인공으로 나온다. 그는 자신의 말 사육 사업의 발전을 위해 간판 아래에 다음과 같은 라틴어 모토를 적어둔다. "Uva Uvam Vivendo Varia Fit." 카우보이는 그 모토를 누구에게도 설명하지 않았고 사실상 그 라틴어도 철자가 틀렸다. 아마도 작가가 그 카우보이가 라틴어를 제대로 이해하지 못했다는 것을 보여주기 위해 일부러 철자를 틀리게 쓴 것 같다. 제대로 된 철자로는 "Uva

Uvam Videndo Varia Fit"이다. 이 문장을 해석하면 "하나의 포도는 다른 포도를 만날 때 색깔을 바꾼다"는 뜻이다. 즉, 하나의 포도가 다른 포도를 익게 만든다.

포도원에서 한 송이의 포도가 익기 시작하면 다른 포도에게 효소와 향기를 보내고 이것이 일종의 에너지 장을 형성하여 다른 포도들도 그 에너지를 받아들이게 된다는 것이다. 다시 말해, 그 한 송이의 포도가 다른 포도들에게 이제 변화하고 익을 때가 되었다는 신호를 보내는 것이다. 당신이 당신의 말과 생각에 있어서 자기 자신과 다른 사람들을 위해 선의의 말만을 하는 사람이 되면 당신은 존재하는 것만으로도 당신 주변의 사람들에게 이제는 변화할 때가 되었다는 신호를 보내는 것이다. 별다른 노력을 기울이지 않고도 당신은 주변 사람들의 의식을 고양시키게 될 것이다.

동조현상은 강력한 효과가 있다. 나는 사람들이 서로 안아주는 것을 좋아하는 것도 이러한 원리 때문이라고 생각한다. 우리가 서로를 안아줄 때 아주 짧은 시간이나마 우리의 마음은 동조의 경험을 하게 된다.

우리가 굳은 의지를 갖고 이를 각자의 방식으로 가꿔나가는 법을 선택하지 않으면, 우리는 다른 사람의 방법을 따라가며 인생을 태만하게 살게 될 것이다. 우리는 흔히 우리가 그렇게 하고 있다는 것을 깨닫지도 못한 채 다른 사람들이 하는 대로 따라하며 산다.

내 아버지가 아직 젊으셨을 때 아버지는 할아버지가 물려주신 모텔을 운영하고 계셨다. 모텔은 중고차 매장 맞은편에 위치해 있었는데 아버지는 그 자동차 중개인과 일종의 협약을 맺고 있었다. 저녁에 모텔에 손님이 많지 않으면 아버지는 중고차 매장으로 건너가 자동차 몇 대를 모텔 주차장으로 옮겨오곤 했다. 그러면 금세 모텔에는 손님들이 모여들곤 했다. 지나가던 사람들은 모텔 주차장이 비어 있으면 모텔이 별로인가보다고 생각하고 그냥 지나가지만, 모텔 주차장이 꽉 차 있으면 사람들이 이 모텔은 괜찮은 숙박시설이라고 생각한 것이다. 이처럼 우리는 다른 사람들을 따라하는 경향이 있다. 이제 당신은 세상을 모두를 위한 평화와 이해와 풍요로 이끄는 사람이 되었다.

나는 어젯밤 새벽에 우리 목장의 승냥이가 짖는 바람에 잠에서 깨어났다. 한 마리가 그렇게 짖기 시작하자 우리 집에서 키우는 두 마리 개, 깁슨과 매직도 그 소리를 따라 짖기 시작했다. 그 소리는 삽시간에 퍼져 우리 동네에 있는 모든 개들이 짖어대기 시작했고 그 소리는 계곡을 따라 사방으로 퍼져나가 온 동네 개들이 짖어대기 시작했다. 그 승냥이는 사방으로 퍼져나가는 파동을 일으킨 것이다. 잠시 후 나는 몇 킬로미터 떨어진 아주 먼 곳에서도 개 짖는 소리가 들려오는 것을 들을 수 있었다. 그 모두가 한 마리의 승냥이가 짖는 소리로부터 시작된 것이다.

당신은 당신이 사는 세계에 영향을 미치는 사람이다. 과거에 당신은 불평하는 버릇 때문에 이 세상에 부정적인 영향을 미쳤을지도 모른다. 하지만 지금 당신은 모두에게 낙관적인 생활 태도를 보여줌으로써 더 나은 세계의 모범이 되고 있다. 당신은 인류라는 거대한 바다에서 전 세계로 퍼져나가는 하나의 파동이 되었다.

당신은 축복을 주는 존재다.

윌 보웬 Will Bowen

미국 미주리주 캔자스시티에서 목사로 활동하고 있는 저자는 2006년 7월, '여름 독서클럽'을 준비하던 중 '인간이 겪는 모든 불행의 뿌리에는 불평이 있다'는 사실을 깨달았다. 같은 해, 그는 〈불평 없는 세상A Complaint Free World〉이라는 캠페인을 통해 세상에 만연해 있는 불평을 근절하자는 의식 개선 프로그램을 시작했다. 그는 부정적인 말이 부정적인 생각을 부르고, 이것이 또 부정적인 결과를 가져온다며 행복하고 성공적인 삶을 위해서는 불평을 멈춰야 한다고 강조한다. 그가 수많은 사람들의 인생에 '행복'이라는 열정을 심어주며 설파해온 결정판이 바로 『불평 없이 살아보기』이다.

200여 명의 작은 교회에서 시작된 〈불평 없는 세상〉 캠페인은 입소문을 타고, 또 지역 언론의 조명을 받으며 미국 전역으로 들불처럼 번졌다. 게다가 〈오프라 윈프리 쇼〉〈투데이 쇼〉〈투나잇 쇼〉 등을 통해 이 프로그램이 소개되자, 미국뿐 아니라 세계 각지에서 보라색 고무밴드를 보내달라는 요청이 빗발쳤다. 저자는 〈불평 없는 세상〉 캠페인 덕분에 인생이 완전히 달라졌다고 말하는 사람들, 그들의 생생한 경험이 담긴 편지와 감사전화가 오히려 자신에게 더 큰 에너지를 불어넣는다고 말한다. 이 책은 그 행복한 에너지와 열정을 전하기 위해 쓰여졌다. 〈불평 없는 세상〉 단체는 지금까지 세계 80개국에 600만 개의 팔찌를 공급했으며 현재도 매일 1천 개 이상의 팔찌를 보내고 있다.

옮긴이 김민아
서울대학교 불어불문학과와 동대학원을 졸업한 뒤 수년간 번역가로 활동했다. 현재 유네스코한국위원회에서 근무하고 있다. 옮긴 책으로는 『안젤라의 유해』 『매기와 초콜릿 전쟁』 등이 있다.